Werner Raith

DER PAPST TREIBT TEUFEL AUS

Italienische Reportagen

Werner Raith

Der Papst treibt Teufel aus

Italienische Reportagen

Förtner & Kroemer

Titelzeichnung ‚Papst und Teufel' von Sabine Wieser

Verlag Förtner & Kroemer GmbH, Postfach 25 01 05, 5000 Köln

Lektorat: Karlheinz Barwasser und Petra Tegethoff
Gesetzt aus der Tide 9 Pkt. der Firma Baruschke GmbH, Hamburg
Herstellung, Satz und Umschlaggestaltung: KaBe-Grafik, Köln
Druck: Caro-Druck GmbH, Frankfurt / Main
Printed in Germany
ISBN 3-924366-05-5

Zu diesem Buch

»Der Papst treibt Teufel aus«. Warum dieser Titel für »Italienische Reportagen«?
»Il bagno è guasto
ci è solo rimasto
chieder al Papa
che lui lo farà«
Sogar im Klo findet man ihn: er soll es richten, weil es sonst ewig kaputt bleibt. Allgegenwärtig ist er - nicht wieder, sondern zum erstenmal. Der Medien-Papst hat seine Finger allüberall: ob der neue, christdemokratische Staatspräsident Cossiga noch vor seiner Vereidigung sich von ihm segnen läßt oder der frühere, ausdrücklich »laizistische« Staatschef Pertini mit ihm Ski läuft; ob es um Stadtplanung geht oder um die Neuberufung von Universitätslehrern; ob Forscher wissenschaftliche Experimente durchführen oder ein neuer Apenninentunnel eingeweiht wird - stets gibt der Herr des kleinsten Weltreichs der Erde seinen Senf dazu oder ist höchstselbst präsent. Eine »Wende«-Figur ohnegleichen.
Seit einiger Zeit tritt er nicht mehr alleine auf - wie ein Maskottchen schleppt er im Reisegepäck, zumindest aber im Redemanuskript ein eigenes Pfui-Figürchen mit sich: den Leibhaftigen, den er an jeder Ecke wittert, bei der Abtreibung, natürlich, aber auch beim ehelichen Verkehr, den man nicht lustvoll, sondern pflichtgemäß zu betreiben hat, bei den Befreiungstheologen, den Kommunisten, selbstverständlich, und auch bei den ihm durchaus nicht unverwandten Turiner Magiern, denen er mittlerweile, Monopol bleibt Monopol, ein halbes Dutzend offizieller Exorzisten auf den Hals gehetzt hat.
Er wird ihn den Italienern schon noch austreiben, den Satanas, der da zum Beispiel in Gestalt böser Ermittlungsbeamter sogar in geweihte Kirchenräume eindringen will und des Papstes Bankier, Erzbischof Marcinkus, verdächtigt, ein ganz schnöder Betrüger zu sein - ja, sogar einer der Akteure bei den dunklen Geschäften einer Verschwörerbande mit dem Namen »Loge Propaganda 2«.
Warum also nicht »Papst treibt Teufel aus« als Titel?
»In questo paese nemmeno il cesso
funziona senza il Suo permesso?«
hat einer unter den anderen Vierzeiler gekritzelt: Funktioniert in diesem Land nicht mal mehr das Klo ohne ihn?

Inhaltsverzeichnis

Meine Liebeserklärung an Italien 7
Leben und Recherchieren in Italien 9
Leben heißt Überleben 13
Papstumweg - Glücksfall des Jahrhunderts? 21
Die eigene Kultur wiederentdecken 22
Palermo - was für eine Stadt 26
Italiens Mafia und die Linke 33
Wallfahrtsort Banditengrab 36
Kriegsvorbereitungen? Wir sind schon im Krieg 38
Der »Palazzo« und die »okkulten« Mächte 40
Fremdwort Fremdsprache 47
Der Meridionalismus - Italiens ungelöste Frage 48
Gamal und der Segen der Illegalität 55
Südtiroler »Rassenstreit« spitzt sich zu 57
Gratwanderung zwischen Selbstkritik und Verrat 59
»Eine Heldin ist gefallen...« 66
Bulgarische Spur - in die Wüste 68
Der Weltuntergang 70
So schlimm wie jung? 72
Die Beichtorgie 75
»Aus« für die römische Kulturpolitik? 76
Italiens Winter - das schönste Chaos der Welt 79
»Das Geld ist da. Fehlt nur der Mut.« 80
Cicero, der Auferstandene 85
Identisch der Haß, verschieden die Liebe? 87
Der Wojtylismus 91
Interview mit Maria Lina Boff 96
Papst treibt Teufel aus 98
Die Kehrseite einer »Wiege der Kultur« 99
Sissy, Dracula, Derrick und Show, Show, Show -
von »belebender Konkurrenz« keine Spur 106
Wo Behinderung kein Makel ist 109
Seveso zwischen Zynismus und Symbolik 112
Ökologie in Italien: Skandal im Skandal 115
Ein Meer aus Schaum und Plastiktüten... 116
Verlogene Sterne? 118
»Und so hatten sie uns denn ein treffliches Nudelgericht bereitet...« 119

Meine Liebeserklärung an Italien

Auf einer Tagung von Lehrern im Hessischen berichtete ein Referent über ein Exotikum: einen Deutschen, der mit seiner Familie vorwiegend deshalb nach Italien gezogen ist, weil er seine Kinder dort einschulen möchte. Ein paar Sekunden Schweigen, dann wird von Murren und einigen Rufen »Verrückt« berichtet, dann doch auch etwas Applaus.
Der Verrückte bin ich.
Ich stelle die Geschichte, die mir ein paar Freunde übermittelt haben, voran. Denn dieses Buch hier ist eine Liebeserklärung - eine merkwürdige allerdings -, besteht sie doch durchwegs aus kritischen, oft traurigen, mitunter bösen Artikeln über jenes Land, das mir so viel gegeben hat und noch gibt. Vielleicht ist man mit Geliebten oft strenger als mit anderen Personen, schimpft - leider - heftiger und ist unduldsamer, wenn nicht alles dem Wunschbild entspricht. Darum also die Episode vom Anfang: ich möchte klarstellen, was mir dieses Land bedeutet.
Als Journalist sucht man zu ändern, was einem mißfällt - mit den eigenen Mitteln, also dem Wort, oft auch mit dem harten, bösen Wort. Doch als Auslandskorrespondent suche ich auch über das zu berichten, was die Nichtitaliener lernen könnten vom Verhalten der Menschen hier, vom System, von den abseitigen, selten dargestellten Realitäten dieses Landes. Also doch das Positive?
Durchwachsen, sozusagen. Denn meist spiegeln sich auch in den Dingen, die ich »nach Hause« berichte oder kommentiere - etwa über das reformierte Schulsystem, die Versöhnung von Terroristen und Gesellschaft, die Behandlung von Minderheiten, die Camorra-»Kultur« - Kämpfe innerhalb Italiens, bei denen ich Partei ergreifen muß: so arten auch »positive« Reportagen oft in Kritik aus, meist Kritik an denjenigen, die ich als Ursache für die Defizite sehe. Aber dies hindert nicht, daß ich das Verhalten derer für großartig halte, die dagegen ankämpfen, sich wehren, Solidarität üben. Ambivalenz ist ein Grundzustand beim Journalismus, und das gilt auch für Italien.
Eine Liebeserklärung also; aber nicht nur. Das Buch ist der Versuch, das ein wenig zusammenzubringen, was die Tages- und Magazinberichterstattung leider meist in winzige Stücke hackt. Die Beschränkung auf oft wenige Zeilen bei Vorgängen von enormer Tragweite, das Verschlucktwerden von »offizieller« Politik, die mitunter große Hetze beim Abfassen von Meldungen lassen nicht nur dem Leser von Tageszeitungen meist das Gefühl für Zusammenhänge abhanden kommen; es geht dem Schreiberling ebenso. Ständig im Zwang, wegzulassen, auszuscheiden, zu verkürzen, zu vertagen (auf die nächste Hintergrundreportage, die dann vielleicht nicht erscheint...): das schafft eine Schere im Kopf, die oft schon automatisch zuschnappt, ehe man selber den Querlinien einigermaßen nachgegangen ist.
Darum schien es mir sinnvoll, nach einiger Zeit vorwiegend tagesjournalistischer Tätigkeit, wieder mal haltzumachen und zusammenzustellen, was sonst verstreut ist. Vor allem aber: vieles, was nicht veröffentlicht oder weggekürzt wurde (werden mußte) zu vereinigen mit Artikeln, die erschienen sind und deren Aussagen, wie ich hoffe, über die Tagesberichterstattung hinaus Bestand haben könnten.
Bei der »Mischung« habe ich weder zeitliche Linien verfolgt noch geographische, mich aber bemüht, möglichst aus allen mir wesentlichen Bereichen Beiträge aufzunehmen, Kultur, Sozialverhältnisse, Politik, Ethnologie, Tradition, gesellschaftliche Bezüge.

Daß sich solche Berichterstattung nicht als originale Schöpfung eines Einzelnen aufbauen läßt, möchte ich an dieser Stelle unbedingt betonen, und darum danke ich den vielen, die mir mit Informationen und Hintergrundwissen, mit Interpretationen und Kritik so viel geholfen haben, daß ich mich überhaupt an dieses janusköpfige, wunderbare Land herangetraut habe.

Dazu gehören Giuseppe D'Alema, Nando dalla Chiesa, Franco Lo Piparo, Sandro Salvadori, Ilde Ascani, Gabriella Percoco, Antonio Di Giamberardino, Carmine Di Capua, Maria Teresa Galluzzo, Alberto Zoina, Sergio Andreis - und, vor allem, meine Familie, meine Frau und meine drei Töchter, die mir nicht nur bei manch allzu spontaner Interpretation die Leviten lasen, sondern viele mir sonst unmögliche Bekanntschaften und Einblicke eröffneten, und die, mit meist klagloser Solidarität, meine Liebe Italien ertrugen.

Borgo Hermada — August 1986

W. R.

Leben und Recherchieren in Italien

Er kann wirklich von Glück sprechen, der Kollege am anderen Ende der Leitung, daß uns gut zweitausend Kilometer trennen; den Krach des aufgeknallten Hörers hat er vielleicht noch mitbekommen. »Und dann noch guten Urlaub«, hat er gesagt, nachdem ich ihm einen vierspaltigen Artikel über die Regierungskrise durchgegeben habe. Den vierten innerhalb einer Woche. Aber Italien und Urlaub sind dem Teutonen so identisch, daß er automatisch jedem, der aus dem Süden anruft, gute Vakanz wünscht. Selbst wenn er tagtäglich beruflich mit dem Süd-Korrespondenten zu tun hat, und nur beruflich.

Ich kann mich schon kaum mehr an die Zeiten erinnern, wo ich noch ferienhalber südwärts gefahren bin; es sind schon gut zwanzig Jahre vergangen. Doch tatsächlich trage auch ich noch immer eine Art schlechtes Gewissen mit mir herum, weil es mir vergönnt ist, hier zu arbeiten, zu schreiben, zu leben. Im Grunde ärgert mich der ewig wiederholte »Guten Urlaub«-Gruß vor allem deshalb, weil ich natürlich bei jedem Heimat-Kontakt etwas von dem schlechten Wetter dort höre, vom langen Winter, vom verregneten Sommer, von schnupfengeplagten Menschen, von Leuten, die alles so furchtbar ernst nehmen... während mir natürlich bewußt ist, daß die Menschen im Süden zu leben verstehen, gerne und gut essen, sich Zeit für alles nehmen... Dennoch: auch wenn ich das Privileg spüre, in einem angenehmen Klima und aus interessanten gesellschaftlichen Umständen zu berichten, die Kinder am Strand herumhüpfen können und ich meine Arbeit als eine Art Traumjob ansehe - es ist dennoch Knochenarbeit, was ein Korrespondent hier hinter sich bringen muß. Und das will ich einmal erklären: nicht nur als eine Art Apologie für mich, sondern auch für viele Kollegen, denen es ähnlich ergeht.

Italien ist Knochenarbeit, und nicht nur deshalb, weil Telefonieren umso schwieriger wird, je weiter man in den Süden kommt (in Palermo funktioniert von fünf Telefonen eines, und in dessen Kabine sitzt spätestens ab der Dämmerung einer, der sich gerade spritzt oder das Häuschen anderweitig nutzt); nicht nur, weil allenfalls einer von zehn Interview-Partnern zum vereinbarten Zeitpunkt sprechbereit ist; nicht nur, weil vor elf Uhr vormittags überhaupt nichts geht, ab zwölf Uhr nichts mehr und am Nachmittags schon gar nichts. Knochenarbeit ist Italien vor allem, weil sich alles, aber auch alles, im Rahmen eines Spiels bewegt, das uns Deutschen völlig ungewohnt ist. Ein Spiel, bei dem auch alle Regeln ständig spielerischer Manipulation unterworfen sind, sich unentwegt wandeln, neu aufgestellt und bei der nächsten Runde schon wieder anders sind.

Für jemanden, der in seinem Beruf besonders der »Wahrheit« verpflichtet ist und der diese Wahrheit nach unserem gängigen Muster sucht, stellt dieses Spiel eine Katastrophe dar. Gehen wir in deutschen Denkmustern davon aus, daß es eine und nur eine Wahrheit gibt, so lernt der Italien-Einwanderer - meist in mühevoller, jahrelanger Arbeit -, daß es eben nicht »die« Wahrheit gibt, sondern viele, viele Wahrheiten: jeder hat die seine, und etwas anderes gibt er auch nicht zum besten, mögen die Fakten noch so gegen »seine« Wahrheit sprechen. Doch auch, wenn ich das gelernt, am Ende sogar eingesehen und für gut befunden habe: wie soll ich nun die tausend Wahrheiten im Spiel der Italiener zu uns nach Deutschland transportieren, wie auf jene »eine« Wahrheit reduzieren? Viele der Mißverständnisse zwischen den Ländern diesseits und jenseits des Brenners hängen mit der Nichttransformierbarkeit der

»verità« der Italiener in die »Wahrheit« der Deutschen zusammen.
In keinem anderen Land dauert es darum auch so lange, bis sich ein Korrespondent ein einigermaßen funktionables Netz von Informationen aufgebaut hat, bis er an die rechten Leute kommt und auch deren Vertrauen erworben hat.
Manchmal wird es mir auch heute noch zum Alptraum, wenn ich in den »größeren« Fällen des Landes vor der Aufgabe stehe, tausend Versionen in eine einzige zu verwandeln - ohne den Anschein des unverbindlichen Blabla, der im deutschen Gehör beim bloßen Zitieren divergierender »Wahrheiten« schnell entsteht. Eines der - auch für mich - wichtigsten Erlebnisse waren da die Recherchen über die Entführung und Ermordung des christdemokratischen Parteipräsidenten Aldo Moro. 1982, vier Jahre nach den Ereignissen, wollte ich die Sache rekapitulieren - für einen Zeitungsartikel; heraus kam ein dickes Buch. Nicht nur einmal war ich dabei drauf und dran, alles einfach wegzuwerfen, aufzugeben - so unvereinbar erschienen mir die Versionen, die mir die damaligen Akteure gaben: Minister und Polizisten, Rotbrigadisten und Journalisten, Verwandte des Opfers und Tatzeugen. Das Fatale für den Wahrheitsgewohnten: jede der Versionen war in sich stimmig - und war trotzdem falsch. Selbst einfache Fakten, wie die Tatzeit, die Anzahl der Teilnehmer am Überfall, die eingeleiteten Maßnahmen der Fahndungsstellen etc. unterlagen mächtigen Widersprüchen. Wie soll man da durchfinden? Nicht, daß man den Gesprächspartnern absichtliche Vernebelung unterstellen mußte, daß man glauben konnte, sie hätten etwas zu verbergen - auch die eindeutig »Sauberen« tischten »Wahrheiten« auf, die sich am Ende nicht halten ließen. Jeder hatte für sich »die« Interpretation gefunden, und die war bereits wichtiger als die Frage, ob es dazu passende Fakten gab. Erst nach zwei Jahren Recherche hatte ich dann eine Art System entwickelt, um den Fall wenigstens darstellen zu können. Zu lösen ist er bis heute nicht. Mit der Wahrheit des einen (Politikers, Polizisten, Brigadisten...) ging ich zum anderen und erklärte ihm, das sei »die« Wahrheit - und bekam von diesem erklärt, warum sie es nicht sein konnte. Damit war die ewige Auftischerei der eigenen Wahrheit meiner Informationen zu durchbrechen, der jeweilige Gesprächspartner mußte sich mit der These des anderen Partners auseinandersetzen, Argumente, Beweise bringen. Das ergab eine neue »Wahrheit«, mit der ich dann den nächsten Sprechpartner aufsuchte usw.; am Ende gings dann wieder zurück zum ersten. Zu erhalten war damit eine Art Skelett, ein Gerüst, das immerhin erlaubte, die mächtigsten Vernebelungsaktionen als solche klarzulegen, mitunter auch zu erklären, warum gerade dieser oder jener Partner diesen und genau diesen Nebel auflegte usw.
Natürlich ist nicht jeder Artikel, den man schreibt, von solcher Kompliziertheit; dennoch ist in Italien die ständige Rückversicherung, die Gegenrecherche so unabdingbar wie sonst kaum irgendwo. Die morgendliche Zeitungslektüre, die in anderen Ländern immerhin bereits Stoff für fundierte Artikel liefert, kann in Italien zur fettesten Ente-Ausbeute führen, denn alle Journale sind in extremem Maß politisiert, parteinahe organisiert, mit den entsprechenden Verwerfungen und Vorstellungen in der Berichterstattung.
Nun ist Presse immer parteilich - doch wohl nirgendwo sonst wird sie so mächtig und unentwegt zum Lancieren von Versuchsballons, zur Intrige, zur Vernebelung verwendet wie in Italien. Keiner der »klassischen« Skandalfälle - von den Mafia-Verfilzungen mit der hohen Politik über die Geheimloge »Propaganda 2« und den Machenschaften der Vatikan-Bank bis zum Fall Moro - wäre so »unlösbar« geworden,

hätte nicht die Presse das ideale Transportmittel für all die Nebel und Rauchschwaden abgegeben, mit denen der »despistaggio«, das Legen falscher Fährten geschah.
Dies alles ist keineswegs böser Wille; wer sich damit auseinandersetzen muß, wird bald erkennen, daß es ein System von großer Ehrlichkeit ist, das sich nicht anmaßt, ewige und absolute Wahrheiten zu liefern, das die Subjektivität bestehen läßt - und dies auch deutlich macht. Die bundesdeutsche Fiktion, es gebe eine »unabhängige« Presse, lädt Italiener allenfalls zum Lächeln ein: sie halten es für aufrichtiger zu sagen, in welcher Richtung man denkt. Und ich muß sagen: ich fühle mich mittlerweile auch so.

Das Spiel, das Italiens Welt definiert, läßt durch seine dauernde Wandlung ständig neue Konstellationen entstehen - für einen Journalisten, der starrere Interpretationsschemata gewohnt ist, nicht eben leicht zu bewältigen. Benötigt in der Bundesrepublik eine Partei für ihre »Wende« von der linken zur rechten Mitte, von einer Koalition zur anderen, meist Jahre, so entstehen in Italien neue Allianzen oft über Nacht. Werden die Kommunisten des braven PCI - die immerhin ein Drittel der Wähler repräsentieren - ein halbes Jahr als völlig unfähig, als bös, als moskauhörig, unzuverlässig, amerikafeindlich gebrandmarkt, so hält das hohe Repräsentanten der verteufelnden Christdemokraten, Sozialisten, Republikaner keineswegs davon ab, zu den Parteifesten des PCI zu gehen, dort Reden zu halten - und über Nacht eine Zusammenarbeit mit den Roten als »durchaus möglich« hinzustellen, um es möglicherweise einen Monat später schon zu widerrufen, wenn sich die Spielregeln eben mal wieder geändert haben. Selbst Mussolini hat nicht - wie Hitler - die intellektuelle und politische Opposition in Gaskammern für immer zu eliminieren versucht, sondern seine Gegner und Feinde meist in Bergdörfer oder auf Inseln verbannt - man weiß nie, vielleicht kann man sie im Machtspiel oder anderweitig noch mal brauchen.

Dieses Spiel prägt nicht nur die italienische Politik; es definiert, immer wieder neu, die gesamte Gesellschaft, die Kommunikation, die Art zu streiten und sich wieder zu mögen.

Und das bedeutet auch für das Privatleben, die Freundschaften und Gegnerschaften, in die man hineingezogen wird, eine ganz andere Art der Bewältigung als die im Norden gewohnte. Lebenslanges Böse-Sein, anhaltender Groll, Nichtmiteinanderreden sind so gut wie unbekannt. Man tut, als Fremder oder Zugezogener, immer gut daran, sich bei neuen Begegnungen zu vergewissern, ob sich nicht schnell etwas geändert hat. Beim Nachbarn, der gestern mächtig auf seinen arroganten Bruder geschimpft hat, heute noch in dieselbe Kerbe zu hauen, kann die nachbarschaftliche Kommunikation dauerhaft stören - wenn sich die beiden inzwischen zufällig auf der Straße getroffen und beim Espresso ausgesprochen haben. Auch der Hinweis »dein Freund hat doch gesagt...« ist oft genug unpassend: der ist inzwischen zum Todfeind avanciert, weil er ein Empfehlungsschreiben nicht gegeben hat, das unbedingt benötigt wurde...
Ich selbst habe es längst aufgegeben, auch nur eine bescheidene kommentierende Anmerkung zu machen, wenn mir Freunde etwas über ihre Freunde oder Verwandten sagen; man kann sich leicht ins Fettnäpfchen setzen (und das heißt, über die Störung einer Freundschaft hinaus, für einen Journalisten, daß er sich u. U. von wichtigen Informationskanälen abschneidet).

Einer der wesentlichsten Scheidepunkte für den Auslandskorrespondenten ist erreicht, wenn er - durch oftmaliges Auftauchen im Ambiente der Politiker oder auch der einheimischen Kollegen - ins politische »Spiel« eingebunden wird; der Versuch,

den Ausländer auch mal als Transportmittel zum Lancieren von Informationen oder Botschaften zu verwenden, ist offenbar recht groß (das geht natürlich den Kollegen in anderen Ländern auch so). Die Mittel dazu sind vielfältig: mal hier ein Exklusiv-Interview, mal dort eine Hintergrund-Information, notfalls sogar ein Preis (es gibt unzählige Auszeichnungen für Auslandsjournalisten) - alles »Anreize«, die einem zunächst toll und wunderbar erscheinen, die aber nach und nach immer stärker in die verschiedenen Konstellationen einbinden und ab einem gewissen Punkt ein Aussteigen fast unmöglich machen; man wird zum Bestandteil des »Palazzo«.
Es ist dies der Grund, warum ich - allen skeptischen Bemerkungen der Kollegen zum Trotz - meinen Arbeitsplatz hundert Kilometer von der Hauptstadt entfernt beibehalte. Die Meinungen der Bauern und der Espresso-Bar-Besitzer, der Marktfrauen und der kleinen Angestellten verschaffen mir, ebenso wie die Kommentare der Arbeiter aus Neapel, Gaeta, Latina oder Cisterna, bei der morgendlichen Anfahrt nach Rom Wertungen der Tagesereignisse und der langfristigen Entwicklungen, die ich in der Nähe des »Palazzo«, in der Metropole, so niemals bekommen würde.

Leben heißt Überleben

Italiens Kunst des »Sopravvivere« - in Neapel und anderswo

Pasquale Grieco erlebte eine Überraschung, »die einem wohl nur dieses vermaledeite Land bereiten kann«, wie er wütend kommentiert. Er hatte beschlossen, eines der monatelang propagierten Sonderangebote zum Ratenkauf eines neuen Autos zu nutzen (»weil man da bis zu einer Million Lire Zinsen sparen kann«). Aber aus der Sache wurde nichts. Als der Vertrag unterschriftsreif vorlag, zuckte der Händler plötzlich zurück: »Um Himmels willen - Sie sind ja aus Pozzuoli«, entsetzte er sich, »und Leuten aus Pozzuoli verkaufen wir grundsätzlich nur gegen Barzahlung. Keine Raten, keine Wechsel, keine Schecks. Basta.«

Pozzuoli, westlicher Vorort von Neapel, gehört zu den »ständigen« Erdbebengebieten Italiens: durchschnittlich achtmal pro Tag sind Erschütterungen spürbar, ein dutzendmal mußte in den letzten zehn Jahren Evakuierungsalarm gegeben werden; 1980 und 1983 haben schwere Erdstöße ganze Stadtteile unbewohnbar, etwa die Hälfte der ca. 80000 Einwohner obdachlos gemacht. »Und die«, erklärte der Autohändler, »verschwinden dann beim nächsten Beben wieder in alle Himmelsrichtungen, zuerst zu Verwandten, dann in Notunterkünfte und später in Neubausiedlungen - keiner meldet sich um, und wir können zusehen, wo und wie wir die Raten eintreiben.«

Nur eine vereinzelte Episode? »Eher schon ein typischer Fall, wie sich die Menschen hier mit den Verhältnissen und der alltäglichen ‚Anomalität' ihres Lebensgebietes arrangieren«, meint der Historiker Giuseppe Galasso, derzeit Staatssekretär im »Ministerium für die Güter der Kultur und der Umwelt« in Rom, intimer Neapel-Kenner und engagierter Streiter für eine breite Koalition im dortigen Rathaus »zur Bewältigung wenigstens der dringendsten Probleme in dieser wohl bedrängtesten aller italienischen Großstädte«.

Neapel, mit eineinviertel Millionen Einwohnern nach Rom (drei Millionen) und Mailand (eindreiviertel Millionen) drittgrößte Stadt Italiens, ist nach Beobachtungen Galassos »der Ort, an dem sich alle großen Schwierigkeiten unseres Landes wie in einem Brennspiegel bündeln« - von der Umweltzerstörung über die politische und administrative Unzulänglichkeit (und mitunter Korruption) bis hin zur organisierten Kriminalität.

Neapel ist aber auch der Ort, an dem man die allgemeine Misere wohl am wenigsten unmittelbar zu spüren bekommt. Eine Fahrt auf der »Tangenziale« hoch über der Stadt zeigt zwar - vor allem im Osten, im Industriegebiet - fast undurchdringliche Nebelschwaden aus unzähligen Schornsteinen von Raffinerien und Fabriken; fährt man aber durch diese Viertel, so trifft man auf ein ungebrochen pulsierendes Leben, auf Kinder, die voller Lust auf den Straßen spielen, und auf die Rentner, die vor den Bars politisieren, auf Hausfrauen, die in der »Alimentaria« ihren Schwatz halten. »Eigentlich«, gibt Giorgio Pascetta, Arbeiter in einer Ölverwertungsanlage und engagierter Gewerkschafter, uns gegenüber zu, »eigentlich kann man hier gar nicht mehr leben, und nach Erkenntnissen der Wissenschaft müßten viele von uns längst tot sein. Dennoch leben wir. Vielleicht sind die Napolitaner zäher als andere Leute, wer weiß. Vielleicht haben wir nur mehr Lust am Leben. Und darum bleibe ich auch hier, selbst wenn mir manchmal der Gedanke kommt, einfach abzuhauen.«

Auch wer vom Hafen Molo Beverello einen Ausflug nach Ischia oder Capri unternimmt, wird im Meer nicht nur Abfall und Schmutz in großen Mengen treiben sehen,

sondern mitunter auch ganz ansehnliche Mengen toter Fische, kieloben. Und dennoch schwimmen selbst in diesem Wasser Menschen, halten Angler ihre Köder hinein, übergießen Händler am Markt ihres Meeresfrüchte mit Wasser, das sie nebenan aus dem Hafenbecken per Eimer hochziehen. »Was wollen Sie denn machen«, fragt uns Mario Mingo von der städtischen Gesundheitsbehörde, »natürlich wissen alle, wie gefährlich das ist, und wie nahe uns die Seuchen - vor allem die Cholera - ständig sind. Aber die Leute sagen sich, wir sind bisher nicht daran gestorben, warum sollte uns das jetzt passieren? Und natürlich wissen sie alle, daß es sich anderswo gesünder lebt - aber sie wissen auch, daß ihnen dann das soziale Netz fehlt, das ihnen hier als Garantie des Überlebens gilt.«
Überleben - »sopravvivere« - ist eines der meistgebrauchten Wörter der letzten Jahre in Italien. Für den Touristen, der nur die ständigen Umsätze der Markthändler, die dauernd ratternden Registrierkassen der Boutiquen und das Gedränge in den Supermärkten sieht, ist meist nur sehr schwer einzusehen, daß es sich bei diesem vielberufenen »sopravvivere« in ganz Italien nicht bloß um eine der üblichen rhetorischen Redewendungen handelt. Zu den altbekannten Erdübeln, wie Erdbeben oder organisierte Kriminalität, die seit Jahrzehnten weite Bereiche mitbestimmt, kommen ständig neue hinzu. Überleben muß man z. B. die schlechte Luft (die nicht nur in Neapel, sondern auch in Teilen Roms, Mailands, Turins, Palermos usw. oft Werte erreicht, wo in der Bundesrepublik, der Schweiz oder den USA längst jeder Autoverkehr, jede Heizungsbefeuerung und jede Fabriktätigkeit untersagt worden wären), die ständig unzureichende sanitäre Versorgung in weiten Teilen des Landes (trotz der - auf dem Papier stehenden - fortschrittlichsten und radikalsten Gesetzgebung auf diesem Gebiet in ganz Europa), die totale Zersiedelung des Landes und die Zerstörung der agrarischen Grundlagen insbesondere des einst fruchtbaren Südens. Überleben muß man aber auch eine »schon fast bis zur - absurden - Normalität gediehene Deviation und Irregularität der Politik und des gesellschaftlichen Verhaltens der sogenannten Leitfiguren unseres Landes«, wie der angesehene Kommentator Giorgio Bocca anmerkt, »was für unser Land immer wieder massive Schäden provoziert, die dann dadurch repariert werden, daß man dem kleinen Mann auch noch die letzte Lira aus der Tasche zieht«. So wurde z. B. das gigantische Haushaltsdefizit 1983 mithilfe eines Sondergesetzes reduziert, das allen Immobilienbesitzern (bis hin zu den Eignern winziger Schafställe) eine kräftige Zusatzabgabe abverlangte. Kritische Beobachter rechneten danach aus, daß die eingetriebenen Gelder im Grunde genau das abdeckten, was die aufgedeckten Korruptionsaffären, Veruntreuungen, Steuerhinterziehungen der Großkonzerne und Devisenschiebereien der Banken (im Verein mit dem Vatikan) an Löchern gerissen hatten.
Das Gefühl, daß einem »die da oben« auch noch das abnehmen, was Krankheit, Unglücksfälle und Naturkatastrophen verschont haben, läßt nach der Feststellung des renommierten Strafrechtlers Alberto Dall'Ora »die Schwelle zum Übertreten des Gesetzes beim Normalverbraucher rapide sinken, so daß er sich mit der Begründung ‚die großen Halunken sitzen sowieso in der Regierung' über alle Normen und Vorschriften hinwegsetzt und selbst sinnvolle Anordnungen von vornherein als Schikane ansieht, die man nicht zu akzeptieren braucht«.
Wofür es zahlreiche Beispiele gibt. Als in Pozzuoli das Erdbeben von 1983 ganze Stadtviertel mit Rissen und eingestürzten Dächern übersäte, schlossen die Behörden einige Straßenzüge und vermauerten die Fenster und Türen zahlreicher Gebäude.

»Von Rechts wegen«, sagt der PCI-Regionalsekretär Antonio Caizzo - dessen Partei bis Mitte 1984 die städtische Rathauskoalition anführte - »müßte das Gebiet zwischen Hafen und Via Napolitana eigentlich ausgestorben sein - aber merkt Ihr etwas davon?« Autos rumpeln dicht an dicht über die löchrigen Straßen und Pflaster, Menschen drängeln sich durch das Gewühl von Straßenständen, aus den vermauerten Häusern kommen, teilweise durch neugehauene Löcher, wie selbstverständlich Menschen heraus. »Man muß nicht alles glauben, was die Behörden so sagen«, erklärt uns ein alter Mann, der eben gegenüber dem Volkshaus aus einem der geschlossenen mehrstöckigen Blocks herauskommt, »die Häuser hier sind gut gebaut, noch immer bewohnbar. Aber die da oben« - er weist mit der Hand nicht »nach oben«, sondern nach Norden, wo Rom liegt - »wollen doch nur, daß man sich eines dieser Neubauappartements in Neu-Pozzuoli kauft«.

Überleben - das hat sich in Italien nicht nur zur individuellen Kunst, sondern zur kollektiven Kultur entwickelt. Sie blüht an allen Stellen, wo Not auftritt - eine Not, wo der mitteleuropäische oder nordeuropäische Mensch sich längst verloren glauben würde. Selbst die Wohnwagen- und Zeltstädte, die nach dem letzten Erdbeben eilends in den städtischen Gärten und am Strand aufgebaut wurden (und von denen noch zahlreiche stehen), strahlten schon nach kurzer Zeit keinerlei Tristigkeit oder gar Verzweiflung - die man als Besucher erwartet hatte - aus, sondern waren von einem Leben erfüllt, das dem des »regulären« im Stadtkern kaum nachstand. An den Wohnwagen erschienen alsbald Schilder wie »Lavanderia« (Wäscherei), »Porchetteria« (Schweinegrill), »Ferramenta« (Eisenwarenhandlung), sogar eine »Autoofficina« (Reparaturwerkstatt) konnte sich halten - der Besitzer zog dann später in eine der kurzfristig erbauten Übergangssiedlungen bei Arco Felice (»Container-Städte« im Volksmund) und wird, wie er uns sagt, seinen Kunden auch folgen, wenn diese in eine der Abteilungen des eben entstehenden »Neu-Puzzuoli I oder II« übersiedeln. »Überleben kann man überall«, sagt er uns, »man muß sich eben arrangieren. Das ist alles.«

Arrangieren - »arrendersi«: das kann sowohl Sichanpassen heißen wie Sichaufgeben. Nicht alle fallen wieder auf die Füße, wenn sie in die verbreiteten Katastrophen stürzen. Wie etwa Christina Capuano, sechzig Jahre alt, aus Grumo Nevano, nördlich Neapels. Ein trister Ort, 25000 Einwohner, nur die Hälfte hat ausreichende Beschäftigung. Die einst blühende Landwirtschaft der Umgebung stagniert, die Textilindustrie hat wenig Zukunft. Mehr als siebzig Prozent aller Jugendlichen zwischen 17 und 25 Jahren sind nach den Feststellungen der Carabinieri drogenabhängig - so auch die beiden Töchter und der Sohn Christina Capuanos. Die Mädchen brachten als Schwiegersöhne auch wieder Heroinabhängige nach Hause - »Mutter der Süchtigen« wurde Christina genannt. »Acht Jahre hat sie um unsere Kinder gekämpft«, berichtet ihr Mann, »aber als weder Entziehungskuren noch der Aufenthalt in Drogengemeinschaften halfen - unsere ältere Tochter flog aus der Anstalt, weil sie schwanger wurde - und als unser Sohn, obwohl selbst schon Vater, nicht von der Nadel loskam, da konnte sie einfach nicht mehr.« Im April 1985 stürzte sie sich aus dem dritten Stock, nach mehrstündigem Weinkrampf - und nachdem sie beim Einkaufen wieder einmal die lieben Nachbarn hatte über sich ergehen lassen müssen.

Zwei Monate später, im Juni, sprang ein Ehepaar, fest umarmt, aus dem siebten Stockwerk eines Hochhauses in der oberitalienischen Industriestadt Pordenone: Benito Adriacono, 53 Jahre alt, seit Jahren ohne Arbeit, und seine Frau Assunta,

verzweifelt, weil mittlerweile der ebenfalls beschäftigungslose einzige Sohn drogenabhängig geworden war.
Der großen Mehrzahl gelingt die Anpassung jedoch besser - manchen sogar ausgezeichnet. »Es gibt im Napolitanischen wohl Leute«, mutmaßte »L'Espresso«, »die täglich um die Sendung eines Erdbebens oder um vermehrte Arbeitslosigkeit beten« - Leute, die auch daraus ein Geschäft zu machen verstehen. »Mediatori« nennen sich die »hilfreichen« Engel, die - gegen gutes Geld - Arbeitsplätze vermitteln oder bei Katastrophen Geschädigten »beistehen«. Zu Hunderten rückten sie nach dem Erdbeben in Pozzuoli ein, machten sich an ältere Leute und die zahlreichen Schreibunkundigen heran und ließen sich Vollmachten zum Eintreiben der staatlichen Soforthilfe-Gelder geben. »In der Regel«, vermerkt ein Polizeibericht, »behält der ‚Mediator' zwischen 50 und 75 Prozent des dem Geschädigten zustehenden Betrages und zahlt den Rest, oft nur nach Drängen und verspätet, aus.« »Und das Schlimme«, sagt ein für die Geldausgabe zuständiger Beamter, »ist, daß die Leute diesen Parasiten auch noch die Hand küssen - weil die ihnen einreden, sie bekämen sonst überhaupt nichts.«
Aber die Ausbeutung unvermittelt auftretender Nöte ist keineswegs nur eine neapolitanische Spezialität. Kaum war das Erdbeben vorüber, da rissen sich die Bürgermeister aller möglichen Gemeinden (bis nahe an das über 200 Kilometer entfernte Rom) um die Erdbebengeschädigten, boten ihnen Unterkünfte an (insbesondere in den sowieso im Herbst und Winter leerstehenden Strandhäusern von Ausländern oder Oberitalienern, die sie dazu beschlagnahmen wollten). Grund war aber weniger Menschenfreundlichkeit als das Angebot der Regierung, die für die Opfer zugestandenen Geldmittel den Gemeinden zur Verteilung zu überlassen. »Ein unerschöpfliches Reservoir für die Eröffnung neuer Pfründe«, wie die Zeitschrift »L'Europeo« befand.
Immerhin hat die römische Zentralregierung nach dem Erdbeben nun ein eigenes Zivilschutzministerium eingerichtet, das »solche Hyänen wie diese Vermittler und Makler von vorneherein ausschalten« soll (so der Pressesprecher anläßlich der Grundsteinlegung von »Neu-Pozzuoli«). Ob es viel verändern wird, ist fraglich. Denn auch schon vor dieser famosen Neuschöpfung war es keineswegs so, daß Beben in Pozzuoli ganz unerwartet kamen; aber die Anzeichen werden eben bis heute nicht ernst genommen. »Auch das gehört zur ‚Arrangement'-Kultur«, meinte Zivilschutzminister Zamberletti, als eine Broschüre »Verhalten bei Erdbeben und Katastrophen« in Pozzuoli eher Entsetzen oder Gelächter als interessierte Aufnahme fand. Tatsächlich »funktioniert der Verdrängungsmechanismus ungebrochen wie eh und je« (Zamberletti).
Pozzuoli bildet mit der vorgelagerten Insel Ischia eine Art Wippe: in ca. 70- bis 80jährigem Rhythmus hebt sich der eine Teil, während der andere absinkt (der antike Marktplatz von Pozzuoli, fälschlich »Serapis-Tempel« genannt, taucht in diesem Zeitraum bis zu sieben Meter unter Wasser und hebt sich danach entsprechend wieder). Dieser Vorgang ist mit ständig fühlbaren, aber ungefährlichen Vibrationen begleitet. Erst wenn die täglichen Rumpler ausbleiben, ist Anlaß zur Sorge: dann nämlich hat sich die Erdscholle irgendwo verhakt, und die Lösung dieser Spannung ist mit einem kräftigen Stoß zu spüren. Aber dieses fast einmalige »Vorwarnsystem« hat bisher noch nie die Verletzten und Tote verhindern können, die große Beben verursachen. »Am Ende ist alles für die Katz«, wie der örtliche Kulturreferent des PCI,

Antonio Di Roberto, meint, »die Leute bemerken das Ausbleiben der täglichen Stöße, machen einander darauf aufmerksam und gehen danach ins Bett, als sei da überhaupt nichts. Die Angst vor dem Beben ist schon zu einem derart integrierten Bestandteil der Alltagskultur geworden, daß man keinerlei Konsequenzen daraus zieht.« Die Frage ist, welche Konsequenzen man denn konkret ziehen müßte. »Sollen wir vielleicht tagelang im Freien schlafen«, fragt uns ein alter Puteolianer (wie sie sich aus antiker Tradition gerne nennen), »oder gar ausrücken, damit wir bei unserer Rückkehr alles geplündert vorfinden? Von hundert ‚Warnungen' trifft eine einzige zu, dann kommt vielleicht ein kleines Beben, und vielleicht von tausendmal Alarm kommt ein mittleres. Würden Sie da einfach abhauen?«
Freilich - auch was der Staat und die Kommune an Alternativen bietet, ist nicht gerade das Gelbe vom Ei. »Neu-Pozzuoli«, das in diesen Monaten bezugsfertig wird, ist zwar nach Nordwesten verschoben, auf einen Hügel am Monte Ruscello. Aber, erstes Glanzstück: die eine Hälfte ist rechts, die andere links von der autobahnähnlichen »Tangenziale« angesiedelt, dazwischen kann der Verkehr nur über zwei enge Überführungen oder Tunnels ablaufen. Zweite »Leistung«: zwar soll das Gebiet, nach Aussagen der Seismologen, einigermaßen sicher vor den Wippen-Beben Alt-Pozzuolis sein. Aber: nur gute sechs Kilometer entfernt liegt der Solfatara-Vulkan, ein fast ebenerdiger Krater, der immer noch raucht und faucht und Blasen wirft, und der 1984 seine Tätigkeit enorm verstärkte (wie kräftig, ist nicht auszumachen - das im Krater angelegte Observatorium war gerade nicht besetzt; der Kustode hatte wichtigeres zu tun: er röstete hinter dem Haus Felsstückchen, die er dann, schön geschwefelt, an Touristen verkauft). Sollte er wieder ausbrechen - Experten rechnen innerhalb der nächsten zehn Jahre damit -, wäre Neu-Pozzuoli einer der zu allererst betroffenen Orte. Erstaunlicherweise hält sich im Krater - Durchmesser rund sechshundert Meter - auch noch ein dichtbesetzter Campingplatz; im Gefahrenfall müssen sich die Camper durch ein kaum drei Meter breites steinernes Tor drängen.
Nicht immer ist die Ausbeutung von Notständen reiner Eigennutz; aber auch das fällt unter die Rubrik »Lebenskunst und Überlebenskunst«. Als 1980 im Abruzzengebiet um Avellino die Erde bebte und zahlreiche Tote und Verletzte forderte, fehlte es zwar an allen Ecken und Enden an umsichtiger Hilfe aus Rom und den Regionaladministrationen, umso schneller aber reagierten zahlreiche andere Beamte. So schlossen innerhalb weniger Stunden gleich ein paar Dutzend Museen ihre Tore - »wegen akuter Einsturzgefahr der antiken Stätten«. Pompei machte große Teile der Ausgrabungen ebenso dicht wie das archäologische Museum in Neapel, das seine schönsten Trakte verriegelte. Selbst im gut 70 Kilometer entfernten Capua wurde das historische Amphitheater zur unbegehbaren Gefahrenzone erklärt und, wie richtig kalkuliert, konnten die entsprechenden Einrichtungen erhebliche Mengen der Wiederaufbaugelder für die betroffenen Gebiete zu sich umleiten. »So viel Geld wie jetzt«, freut sich der Direktor von Pompei, Stefano Decaro, »haben wir in den gesamten vergangenen zwanzig Jahren nicht zur Verfügung gehabt.« Erst 1985 wurden die Stätten - in der Tat prächtig restauriert - wieder geöffnet.
Mitunter zerfließt die Grenze zwischen Überlebens-Strategie und Gaunerei. Der - mittlerweile exkommunizierte - Pfarrer der Kleinstadt Afrigola im neapolitanischen Hinterland, der, zur Freude der abgelegenen Kommune, plötzlich im Traum die Erscheinung einer bisher unbekannten »Madonna des Erdbebens« hat und auf diese Weise monatlich zwei- bis dreitausend Pilger in seine Kirche lenkt; die zahlreichen

Familienväter, die, nach Berichten des römischen Bankdirektors Rusconi, in seine Filiale kommen und Kredite beantragen, um Schuldirektoren zur Aufnahme ihrer Kinder in die für spätere Arbeitsbeschaffung aussichtsreichsten Gymnasien zu »überreden« oder um Klinik-Chefärzte, zwecks schneller Einweisung der Ehefrau in eine renommierte Klinik, zu bestechen (derzeit laufen in Rom Verfahren gegen mehr als 500 Mediziner und Krankenschwestern wegen Vorteilsnahme) - sie alle haben wohl nichts anderes im Sinn, als sich mit ihren bescheidenen Mitteln (wenn es hochkommt, ein wenig Geld, ansonsten nichts anderes als eine lebendige Phantasie) einen Platz zu sichern, der zumindest nicht ganz auf der dunklen Seite des Lebens liegen soll.
Arbeits- und Geldbeschaffung auf italienisch - auch das gehört zu den Strategien des »Überlebens«. Wer nur mit der Elle mittel- und nordeuropäischer Korrektheitsansprüche mißt, entsetzt sich natürlich, wenn er von Finanzbeamten hört, die tagsüber im Amt die Steuererklärungen bearbeiten, die sie selber am Abend zuvor - gegen Entgelt - für »Freunde«, als »Berater«, formuliert haben; oder von Polizisten, die, nach Zuwendungen von Fabrikbesitzern, während ihrer Dienstzeit durch entsprechende Routen-Wahl eine Art Werkschutz auf dem Betriebsgelände des Geldgebers organisieren (der sich so eine aufwendige Wachmannschaft spart); oder von Gemeindebeamten, die aus ihrem Schreibtisch nicht nur Formulare holen, sondern auch noch ganze Kollektionen von Duftwässerchen und in ihren Diensträumen eine regelrechte Parfümerie (für Kollegen wie für Publikum) unterhalten. Aber das Ganze muß man im Licht der Tatsache sehen, daß der italienische Durchschnittsverdiener - sofern er überhaupt Arbeit hat, versteht sich - nicht mehr als umgerechnet 1200 DM pro Monat nach Hause bringt. Wenn - wie bei 60 Prozent der Familien in Italien - nur etwa ein Fünftel der Familienmitglieder eine einigermaßen sichere Beschäftigung hat (in einer fünfköpfigen Familie meist nur der Vater oder ein Sohn), die Lebenshaltungskosten aber für eine solche Familie - laut Statistik - bei rund 1300 DM liegen, so würden faktisch, ohne Doppel- oder Mehrfachverdienst, viele Familien tatsächlich unter dem Existenzminimum leben. In armen Regionen, wie der Basilicata oder in Teilen Siziliens, liegen die Verhältnisse (auch wegen der dort höheren Arbeitslosigkeit) noch schlimmer.
Natürlich führt die stillschweigende Duldung solcher »Nebeneinnahmen« mitunter auch zu kräftigen Auswüchsen. Als sich 1982 in ganz Italien energische Amtsrichter daranmachten, in den staatlichen und kommunalen Büros die Listen der dort Beschäftigten mit den tatsächlich Arbeitenden zu vergleichen und danach landesweit mehr als 2000 »Fehlpersonen« arretierten, füllten sich die Amtsstuben allüberall in geradezu beängstigender Weise mit Menschen, die da alle unter Vertrag standen (meist durch Parteien, mitunter durch Familienangehörige auf ihre Posten gehievt), aber noch niemals oder nur sehr selten in den Dienststuben gesichtet worden waren. Rekordhalter war ein Behördenchef in der Provinz Latina, der nebenbei auch noch drei anderen Offizieren vorstand, ohne daß die eine Einrichtung von der anderen wußte.
Aber wenn auch Doppelbeschäftigung und mitunter nicht ganz legale oder sogar richtiggehend kriminelle Aktivität oft genug zu den verbreiteten Faktoren des »Überlebens« gehören, tatsächlich liegt das wirkliche Geheimnis des »sopravvivere« wohl in einer spezifischen Gesellschaftsstruktur, die eine Art nichtstaatliches, privates soziales Netz zuläßt und weithin gewährleistet, was sich Bewohner anderer Staaten längst nicht mehr vorstellen können. Nahezu jeder in Italien hat seinen

Vetter, der Wein anbaut, seine Tante, die ihm Tomaten liefert, den Neffen, der im Autogeschäft ist und die alte Karre immer wieder zum Laufen bringt; und im Fall wirklicher Not erwartet ein Großteil der Bevölkerung - zu recht - weniger Hilfe vom Staat als vielmehr von den Verwandten. »Ohne dieses System der Solidarität«, sagt der langjährige Vorsitzende des Finanzausschusses im römischen Parlament, Giuseppe D'Alema, »müßten hierzulande sicher Menschen verhungern, trotz des ansehnlichen und derzeit wieder steigenden Bruttosozialprodukts.«

Solidarität - das ist die (positive) Kehrseite der Not in Italien. Solidarität ist hier kein leeres und schon gar kein zur politischen oder gewerkschaftlichen Phrase verkommenes Wort. »Diese Balance aus Selbstsucht und Solidarität«, meint Umberto Ciarello, 70, ehemaliger Widerstandskämpfer und allzeit in der Lokalpolitik Pozzuolis aktiv, »ist der Grund dafür, warum wir dann doch immer wieder zurechtkommen und nicht um alles in der Welt diesen Fleck Erde verlassen wollen. Kennen Sie einen Ort, wo Solidarität so viel zählt wie bei uns?«

Solidarität hat alle Regimes überdauert. Schon zu Mussolinis Zeiten waren gerade die Orte von den Faschisten am meisten gefürchtet, die durch Wirtschaftsnot und Naturkatastrophen am häufigsten gebeutelt wurden. In Pozzuoli z. B. wurden die ersten massiven Streiks gegen die Schwarzhemden organisiert, und nach dem Krieg wuchs hier eine der eindrucksvollsten Gewerkschaftszellen des Landes heran. Als Anfang der achtziger Jahre die Regierung in und um Neapel herum einige Werke staatseigener Betriebe schließen wollte, manifestierten die Menschen des Bezirks - beileibe nicht nur die unmittelbar angestellten - ihren Unmut derart deutlich, daß sich der damalige Minister für Staatsangelegenheiten, Gianni De Michelis, nicht mehr nach Neapel getraute; die Betriebsschließungen unterblieben denn auch.

Doch auch die Solidarität hat ihre »Kehrseite« und schafft landesweit Probleme. Etwa auf dem Bausektor. Eine überaus langweilige und oft unfähige und entscheidungsscheue Administration zögert Bearbeitungen von Bauanträgen - gleich welcher Art - oft Jahre, mitunter ein Jahrzehnt hinaus. Erfolg: in Italien baut eben nahezu jeder schwarz. Mehr als 10 Millionen illegale Gebäude haben die Behörden registriert, und nahezu 80 Prozent davon wurden (und werden) in »solidarischen« Nacht- und Nebelaktionen erstellt: der bauwillige Familienvater pumpt sich bei den Angehörigen Geld für Bauplatz und Materialien, holt Brüder und Vettern zusammen, und innerhalb einer einzigen Nacht wird der Rohbau hochgezogen (sobald das Dach drauf ist, darf nicht mehr abgerissen werden - selbst nach Prozessen gab es in 99,47 Prozent aller Fälle bisher nur geringe Geldstrafen, ohne Abbruchverfügung). Für die Umwelt bedeutet all dies eine Katastrophe - und nicht nur für sie. Da die Bauten meist ohne Beachtung irgendwelcher Vorschriften, ohne Architekten und Statiker erstellt werden, wird nicht nur oft die Natur brutal zerstört (weil jeder dort baut, wo er billiges Land bekommt - was auch für Fabrikprojekte gilt), oft sind die Baulichkeiten schlicht lebensgefährlich. Das gilt vor allem für die wackligen Touristenunterkünfte. Im Landschaftsschutzgebiet Campo sorreano in der Provinz Latina bekam ein Bauer die (gesetzlich zugelassene) Genehmigung zum Bau von Schweineställen. Erst spät kam die Gemeinde dahinter, daß darin wohl Luxusferkel leben mußten: jedes Schwein hatte an die 25 qm Raum, dazu Toilette und Flur; die Fassade war in maurischem Stil gehalten. Weiter südlich stellte eine Untersuchungskommission das Entstehen eines ganzen illegalen Feriendorfes fest, und als die Ermittler auf eines der Dächer traten, stürzte ein Teil der Gebäude ein. In Neapel waren jahrelang die »crolli«, die Zusam-

menbrüche, selbst von Hochhäusern an der Tagesordnung, und im unteritalienischen Tarent rutschte eine ganze Touristensiedlung von der Düne ins Meer.
Staatssekretär Galasso glaubt, wenigstens diese »Überlebensrisiken« künftig bannen zu können: 300 Meter landeinwärts von Meeres- und Seeufern, 150 Meter von Flüssen und überall in Zonen höher als 1500 Meter Meereshöhe hat er einen absoluten Baustopp verfügt. Viel Hoffnung macht man sich freilich auch in seinem Ministerium nicht. »Es wird wohl ein wenig Luft verschaffen«, meint einer der Abteilungsleiter »Umwelt«, »aber in zwei, drei Jahren haben die Italiener mit ihrer Kreativität im Aufspüren gesetzlicher Grauzonen wahrscheinlich auch dieses an sich lebenswichtige Dekret geknackt.«
(1985)

Papstumweg - Glücksfall des Jahrhunderts?

Der nun doch in Mittelitalien gefallene Schnee erweist sich als »Glücksfall des Jahrhunderts« - zumindest für die Lottostellen in Neapel. Daß die Sondermaschine des Papstes auf dem Rückflug aus Indien wegen römischen Schlechtwetters in Neapel landen, der Papst einige Stunden am Bahnhof auf Spezialwaggons warten mußte, gilt nun als »Zeichen des Himmels«. Die Stunde der Ankunft, der Abfahrt, die Nummer des Bahnsteigs, der Lokomotive - seit Dienstagnacht sind dies die »Glückszahlen« schlechthin; die Wettstellen können sich seit dem frühen Morgen nicht mehr vor dem Kundenandrang retten.

Vielleicht ergibt sich daraus ein neuer Zweig päpstlicher Aktivitäten: der Vatikanbankier, Erzbischof Marcinkus, könnte doch, zum Ausgleich seiner Fehlspekulationen, auch mitwetten? Oder, langfristiger gedacht bzw. wenn ihm die Papst-Zahlen zu unsicher erscheinen, eigene Vatikan-Wettannahmestellen einrichten? Man stelle sich vor: allwöchentlich nach der Generalaudienz kommt in Radio Vatikan eine Kennmelodie und die Durchsage: wir übertragen nun die öffentliche Ziehung der päpstlichen Glückszahlen.

Den Einschaltquoten des Vatikansenders, sonst eher im Bereich von nullkommaetwas Prozent, würde es zumindest kräftig auf die Sprünge helfen. Und dann könnte man endlich auch mal an Werbespots denken...

Ungeahnte Perspektiven. Und all dies wegen elf Zentimeter Schnee.

(1986)

Die eigene Kultur wiederentdecken

In Italien hat die Besinnung auf verlorene Traditionen begonnen

Es ging heiß her bei der Sitzung der »Lega d'ambiente«, dem örtlichen Kultur- und Umweltverband, im Küstenstädtchen Sperlonga südlich von Rom. »Wenn alles nichts hilft«, kündigte der Weinbauer Maurizio an, »werden wir es machen wie 1957 - wir holen unsere Karren und Traktoren und blockieren die Straßen.«
1957 - das ist nicht nur für die Einwohner Sperlongas eine magische Jahreszahl. Damals hatte man bei Sprengungsarbeiten für eine touristenfreundliche Panoramastraße nahe der Stadt eine Felshöhle entdeckt, in der mehr als zehntausend behauene Marmorstücke lagerten - wie sich herausstellte, Fragmente einer der eindrucksvollsten und gewaltigsten Statuen aus der Schule von Rhodos im 2. Jahrhundert. Die Bruchstücke sollten, nach Maßgabe der römischen Behörden, in die Hauptstadt transportiert und zusammengesetzt werden. Dann sollte die Gruppe - sie stellt den Kampf des Odysseus mit Polyphem dar - in ein römisches Museum kommen. Da waren die Bauern rabiat geworden: »Dies sind Zeugnisse u n s e r e r Kultur, nicht eurer«, riefen sie den Beamten entgegen, sperrten die Straße und bewirkten, daß sie die Statue behielten und sogar ein eigenes Museum für »ihren« Polyphem bekamen.
Das ist freilich lange her. Inzwischen hat der überschwappende Tourismus, ebenso wie die vorrückende Industrialisierung, auch in Sperlonga alles verändert. Über die Ortschaft brach der übliche Bau-Boom herein. Die malerisch-mittelalterlichen in und auf den Fels gebauten Häuschen verschwanden hinter Hunderten von Sommerwohnungen, die winzigen Geschäfte wurden in Andenkenläden, Restaurants und Straßenbars in Diskotheken verwandelt, die althergebrachten Heiligenfeste in den Sommer verlegt, wo den Touristen eher seichte folkloristische Darbietungen präsentiert werden.
Daß man sich jetzt wieder der einstigen Pioniertat, die für eine Weile in ganz Italien Schule gemacht hatte, erinnerte, kommt nicht von ungefähr. Wie in Sperlonga beginnen sich immer mehr Bürger (in Einzelaktionen wie in Initiativen oder in Zirkeln, die sich engagierter Kulturarbeit verpflichten) gegen den anhaltenden Abbau ihrer angestammten Umwelt, die Zerstörung ihrer Traditionen, gegen die Entwurzelung ihrer Bildung und ihres Heimatgefühls zu wehren. In Sperlonga ist der aktuelle Anlaß für den Protest die ins Haus stehende Erlaubnis für den Bau einiger mehrstöckiger Strandvillen - ein Ereignis, »das noch vor wenigen Jahren nicht einmal ein Wimpernzucken hervorgerufen hätte«, wie sich der regionale Baureferent wundert. Heute aber finden die Leute aus Sperlonga, daß mit den Villen nicht nur ihr schöner Strand weiter verbaut wird, sie fürchten auch um den weiteren Einfall zahlreicher Fremder in ihre Häuser und Straßen, haben Angst, daß durch die Bauten in der Grünzone Begegnungsstätten verlorengehen. »Die Zerstörung der Kultur«, so ein Manifest der Baugegner, »wird nicht nur durch das Wegtragen von Marmorstücken bewerkstelligt, sondern auch und vor allem dadurch, daß wir uns in unserer eigenen Stadt nicht mehr zuhause fühlen.«
Allenthalben rührt sich solcher Widerstand in Italien an ganz verschiedenen Stellen, mit unterschiedlichen Zielsetzungen und diversen Lösungsangeboten. Da gingen z. B. im Sommer 1984 Einwohner am Gargano in Apulien gerichtlich gegen Campingplätze vor und erreichten ihre Räumung. Nicht mit dem bisher verwendeten (und oft wirkungslosen) Argument der massiven Überbelegung und der damit verbundenen

Gefahren für Ökologie und sanitäre Versorgung, sondern mit dem Hinweis auf die »Zerstörung der gewachsenen Kultur durch barbarisch einfallende Touristen, die nicht nur keinen Stein auf dem anderen lassen, sondern auch alte Riten und Bräuche aushöhlen und die Einheimischen zu törichtem Tun anhalten«. Auf Ischia beschlagnahmte der Bürgermeister die gesamte der Insel vorgelagerte Aragonenburg, einschließlich der dort installierten Vergnügungslokale und im Bau befindlichen Fremdenzentren, mit der Begründung, dies sei schließlich »das Wahrzeichen unseres Gebiets, das Sinnbild unserer Tradition, und es gehört uns, den Menschen von Ischia, und nicht den Managern und Baulöwen«. Und in Venedig stoppte ein wahrer Volksaufstand den - zunächst diskret vorbereiteten und dann mit großem Pomp verkündeten - Verkauf bzw. die Verpachtung nahezu aller 34 in der Lagune vorhandenen kleinen Inseln für private Zwecke oder touristische Attraktionen; angeblich »zur Entlastung der Stadt von der allzu teuren Erhaltung dieser Gebiete«. Heute erklären der Bürgermeister Mario Rigo und der Urbanistik-Referent Edoardo Salzano ernüchtert, daß »da so mancher wohl unseren Plan in die falsche Kehle bekommen hat«, am meisten wohl jene Hunderte von Anrufern aus Übersee, die sich auf die zwielichtige »Einladung zu den Inseln« (Annoncentext der Kommune) gemeldet und den Bau schöner Zweitwohnungen angekündigt hatten. Heute diskutieren die Experten zwar noch darüber, ob man Teile der Universität auf eine der Inseln verlagern könnte oder eine Therapiegemeinschaft für Rauschgiftsüchtige dort unterbringen mag. »Bisher«, tritt der Sprecher der Kommune langsam den Rückzug an, »hat uns eigentlich noch keiner eine zündende Idee vorgelegt; vielleicht ist es vorderhand besser, daß alles beim alten bleibt?«

In ganz Italien ist eine neue Kulturbewegung im Gange - eine Bewegung, die sich grundlegend von der bloßen Monumenten-Erhaltung unterscheidet, mit der »cultura« bislang identifiziert wurde. »Bald 90 Prozent der Milliarden Lire«, berichtet Sandro Salvadori, Mitbegründer einer örtlichen Initiative im mittelitalienischen Terracina namens »cultura e territorio« (Kultur und Heimat), »die das Ministerium für die Erhaltung kultureller Güter ausgegeben hat, gingen in die Pflege antiker Monumente In derselben Zeit haben sie die Grünflächen pro Kopf der Bevölkerung von gut einem Quadratmeter auf 0,16 Quadratmeter reduziert, die Zahl der Begegnungsstätten für die Einwohner - sieht man von neueingerichteten Diskotheken und Fußballstadien ab - um zwei Drittel vermindert, und für die Pflege örtlicher und regionaler Traditionen und den Aufbau eines sinnlich erfahrenen Herkunftsbewußtsein ist überhaupt nichts getan worden.« Terracina selbst bietet ein Musterbeispiel dafür: das 20000-Seelen-Städtchen erlebte in den sechziger und siebziger Jahren einen unglaublichen Tourismus-Aufschwung. Heute stehen Häuser für mehr als 400000 Personen bereit, die allerdings nur in den drei Sommermonaten besetzt sind und den Rest des Jahres leerstehen, während andererseits mehr als ein Viertel der Bevölkerung nach einer trockenen und einigermaßen ausreichenden Wohnung sucht. »Zerstört wurde dabei überdies«, berichtet der Architekt Carmine Di Capua, »eine Reihe für uns typischer Kommunikationsplätze - zum Beispiel der Strand, der heute für die Einheimischen fast ganz gesperrt ist.« Tatsächlich gibt es auf dem ca. 15 Kilometer langen Küstenstreifen bis zum Nachbarort San Felice Circeo nur noch sechs Zugänge zum Meer, wo nicht das Schild »proprietà privata, vietato l'accesso« prangt oder eine Einsenbarriere Halt gebietet. Trotzig haben Mitglieder von »Cultura e territorio« im Sommer schon mal Teile des Strandes besetzt, um mit Kindern aus Terracina Animationsspiele durchzuführen. Als sich dies wegen der vielen Fremden nicht halten ließ, verlegten sie ihre Aktivitäten in den Herbst und Winter und feiern nun z. B. die längst aus der Mode gekommenen oder in die Saison verlegten Heiligenfeste wieder am ursprünglichen Ort - als Stadtteilbegegnungen. Protokollierte Gespräche mit älteren Einwohnern legen derzeit den Grundstein für eine »alternative« Stadtchronik, denn »diese Alten können uns eine Menge darüber erzählen, wie man eine Kultur nicht nur übernimmt und bewahrt, sondern auch weiterentwickelt«, so Gabriella Percoco, eine der Mitarbeiterinnen von »Cultura e territorio«.

Gegen manchen Widerstand und fast ohne Finanzmittel sind junge Leute aus Terracina derzeit dabei, ein Museum zu gründen, das - im Gegensatz zu dem mit sprachlosen Stücken aus der Römerzeit vollgestopften städtischen »Museo archeologico« - die Handwerks- und Bauernkultur der jüngsten Vergangenheit dokumentiert. Eine Ausstellung von Werkzeugen und Geräten, ergänzt durch Fotos aus Privatbesitz und Dokumenten, hatte unlängst einen solchen Erfolg, daß sogar eine Einladung aus dem bundesdeutschen Darmstadt erfolgte. »Wir versuchen«, erklärt der Direktor von »Clutura e territorio«, Antonio Di Giamberardino, »diese unselige Spaltung zu überwinden, in die uns die - leider notwendige - Ausrichtung auf die Saison gebracht hat, und die uns in eine profitable Dreimonatsexistenz im Sommer und ein arbeitsloses Neunmonatsdasein für den Rest des Jahres zerteilt.«

Viele »Kulturarbeiter« in Italien gehen in die Schulen, versuchen oft, verdrängte, mitunter verbotene Rückblenden auf die eigenen Traditionen zu provozieren; mit ab und zu auch recht skurrilen Erfolgen. So etwa, wenn die kleine Abruzzenstadt Itri, mangels anderer bodenständiger Volkshelden, ausgerechnet auf den legendären Fra Diavolo zurückgreift, einen skrupellosen Briganten und vielfachen Mörder (der allerdings im frühen 19. Jahrhundert gegen die Franzosen gekämpft hat), und ihn in Schauspielen und Gedichten in- und außerhalb der Schulen ehrt. Oder wenn in toskanischen Gemeinden das immer wieder verbotene Spiel vom »Alten vom Berge« aufgeführt wird, das bis ins 12. Jahrhundert zurückgeht und - in Gestalt des listigen Bezwingers staufischer Herrscher - sowohl italienischen Freiheitsdrang wie auch die Lust zur Anarchie symbolisiert. In Castagneto wiederum, einem nur 10000 Einwohner zählenden Städtchen bei Pisa, wagt man sich, neben der Aufführung von Klassikern wie Goldoni, auch an umstrittene moderne Werke etwa eines Dario Fo heran. Ein Unterfangen, das noch vor fünf Jahren unmöglich erschien, denn »bis dahin bestand«, wie ein Mitglied des Theatervereins sagt, »unsere Kultur wesentlich in den jährlichen Auftritten der Musikkapelle«.

Auch der Carneval wurde in diesem Zusammenhang wiederentdeckt. Er galt jahrzehntelang als touristenfern, da im Winter angesiedelt, und wurde kaum mehr gefeiert. Seit einigen Jahren beginnt man wieder damit - ist doch gerade dies eines der uritalienischsten Feste, das eine Selbstdarstellung ohnegleichen erlaubt und dem unbegrenzten Spiel der Phantasie ebenso wie der Huldigung an das niemals ausgerottete Heidentum Raum gibt.

Wandel im Kulturdenken auch auf anderen Gebieten. 1983 fand Ugo Vetere, Bürgermeister von Rom und Herr über die konzentrierteste Ansammlung historischer Gebäude und Materialien im gesamten Europa, daß man »Kultur heute nicht mehr bloß mit Denkmalspflege identifizieren kann« und stellte das ehrwürdige Colosseum für eine moderne Ausstellung (»Die italienische Wirtschaft zwischen den Weltkriegen«) zur Verfügung; mehr noch: er gestattete der Filmfirma Cinecittà, einen Teil der alten

Gladiatorenarena - mit viel Plastikmaterial - so zu restaurieren, wie sie wohl in der Antike ausgesehen haben mag. »So werden die alten Gemäuer endlich wieder mit Leben erfüllt«, vermerkte Bürgermeister Vetere befriedigt, trotz vieler Kritik, die in seinen Aktivitäten geradezu den Niedergang der Kultur sah.
Auch die alljährlichen, von Millionen Menschen besuchten, Feste der politischen Parteien (»Festa dell'amicizia« der Christdemokraten, »Festa dell'Unità« der Kommunisten, »Festa dell'Umanità« der Sozialisten etc.) wandeln sich zusehends. Hatten sie sich bisher wie eine Mischung aus Oktoberfest und Politik-Manifestation präsentiert, so zielen die Organisatoren heute mehr auf ein Insgesamt von gesellschaftskritischer und problemaufweisender, künstlerischer und kommunikativer Anstachelung der Selbsttätigkeit ihrer Besucher. Beim »Festa dell'Unità«, das mehr als vier Millionen Menschen anzog, gab es Ausstellungen und Veranstaltungen über Friedensbewegung und Armenfürsorge, Raketenaufstellung und Frauenfrage, Umweltschutz und Heimatbewußtsein.
Das alles darf jedoch nicht darüber hinwegtäuschen, daß sich gerade die etablierten Parteien - von den Christdemokraten bis zu den Kommunisten - enorm schwertun, den Wandel des Kulturdenkens an der Basis mitzuvollziehen. »In faktisch allen Parteien«, bemerkt der Umweltschutz-Experte der Kommunisten, Professor Raffaele Misitti, »hat man noch nicht begriffen, daß die Menschen in Italien die Sektoren Kultur und Umweltschutz, Frieden und Urbanistik, Existenzsicherung und Rechtsstaatsgebot nicht mehr als getrennte Bereiche auffassen, daß sich hier, von der Basis aus, eine viel weitere Weltsicht ergibt, der wir mit unserem herkömmlichen Begriffsapparat gar nicht mehr zuleibe rücken können.« Junge Kulturarbeiter, wie die aus Terracina, bekommen es mitunter zu spüren, wenn ihre Aktivitäten von Genossen ihrer eigenen Parteien blockiert und die Geldmittel gestrichen werden. »Das ist das eigentliche Problem«, sagt Sandro Salvadori, »daß eines Tages auch uns die Energie für eine Wiederbelebung einer eigenen Kultur ausgehen könnte, und daß sie gleichzeitig der nachfolgenden Generation einimpfen, daß das alles gar nicht so wichtig ist. Dann wäre unsere Arbeit jedenfalls umsonst gewesen.«
(1984)

Palermo - was für eine Stadt!

Die sizilianische Metropole hätte das Zeug zum Zentrum Europas gehabt

»Sie können mich gerne einladen«, sagt Giuseppe Ayala, »aber Sie müssen wissen: ich komme immer mindestens zu sechst.« Giuseppe Ayala spielt nicht auf eine vielköpfige palermitanische Familie an. Trotzdem ist er tatsächlich immer zu sechst: fünf Polizisten eskortieren ihn, wohin er auch geht. Denn Giuseppe Ayala, 40, ist jener Staatsanwalt, der im derzeitigen Prozeß gegen die Mafia in Palermo die Anklage vertritt. Wenn er ein Buch kaufen oder seiner Frau ein paar Blumen mitbringen will, wenn er einen Ausflug mit seinen Kindern aufs Land macht oder seine Eltern besucht - immer stürmen zunächst zwei seiner Leibwächter mit gezogener Pistole voran, dann erst darf er tun, was er vorhat, selbstverständlich von hinten durch zwei weitere Gorillas gedeckt. Der fünfte bewacht die drei, manchmal vier Autos, in denen die Kavalkade anrückt.

Dennoch gehört Giuseppe Ayala zu den Beamten, die dieses offensichtliche Bewachtwerden gar nicht mögen, und da ist er ein mächtiger Gegensatz zu fünfundneunzig Prozent der anderen Personen, die eskortiert werden. Längst gilt es in vielen Städten Italiens als Sache des persönlichen Prestiges, wenn man in der gepanzerten Alfetta (»Civetta«) herumgefahren wird und möglichst starkes Sirenengeheul die nahende Ankunft kündet; ebenso wie die anfängliche Besorgnis einem gewissen Stolz Platz gemacht hat, wenn vor dem Haus oder dem Palazzo, wo man wohnt, fünfzig Meter straßauf- und abwärts strengstes Halteverbot herrscht. Seit der oberste Ermittlungsrichter Rocco Chinnici mithilfe einer in einem Auto versteckten Hundert-Kilo-Bombe ermordet wurde, sind Plätze vor den Wohnungen gefährdeter Leute freizuhalten. Meist steht stattdessen ein Polizeiauto oder gar ein Mannschaftswagen davor.

Palermo gleicht einer besetzten Stadt. Kaum eine Straße, in der man nicht die blauen Polizeifahrzeuge sieht, ob sie ein öffentliches Gebäude bewachen oder ein ausländisches Konsulat, das Appartement eines Richters oder eines Politikers, eines Top-Bankiers oder eines Diplomaten. Untertags vergehen auch kaum fünf Minuten, ohne daß nicht mit Sirenengeheul oder durchgedrückter Hupe ein Sonderkonvoi auf den eigens dafür gelb gekennzeichneten Sperrspuren vorbeirast; im Januar wurden zwei Schüler tödlich überfahren. Panzerspähwagen und Polizisten mit Stahlhelmen stehen an den besonders »sensiblen« Plätzen, vor allem natürlich am »Aula-Bunker«, dem Hochsicherheitsgerichtsgebäude, das auf dem Gelände des aus bourbonischer Zeit stammenden alten Zuchthauses für umgerechnet mehr als sieben Millionen DM erbaut und mit einem drei Meter hohen Stahlstaketenzaun geschützt wurde.

Giuseppe Ayala jedenfalls, der tagtäglich in diesen Aula-Bunker einfährt, um seine Anklage zu vertreten, ist über das Aufsehen ziemlich unglücklich, das er macht; er entschuldigt sich unentwegt für »die Störung, die ich verursache«. Manchesmal ist er den Beschützern schon entkommen. So guckten z. B. die Polizisten einer Wache im Zentrum ziemlich skeptisch, als ihnen ein großgewachsener, dürrer Mann einen eben von ihm beim Handtaschenraub erwischten »Scippatore« brachte: Ayala, selbst begeisterter Motorradfahrer, war seiner Eskorte entschlüpft und hatte zufällig ein Paar erwischt, das, vom Motorroller aus, Frauen beraubte. Ein Anruf im Hause Ayala brachte die Gorillas zum Schwitzen.

Ayala ist also eine Ausnahme; aber daß der Staatsanwalt eine Ausnahme ist, ist wieder eine Regel, auf die man in Palermo zählen kann. Die ganze Stadt scheint

irgendwie aus Ausnahmen zu bestehen. Fragt man in Rom die Menschen nach ihrem Status, ihrer Herkunft, ihrer Familie, so kommt fast immer ein typischer Römer heraus - hier geboren, die Eltern auch schon und die Großeltern ebenfalls, Beruf möglichst wie der Vater, stolz auf die Kontinuität des »Römers«, selbst in den Armenquartieren von Trastevere. Auch wer in Neapel nachfragt, bekommt Grundbiographien zu hören, die einander stark ähneln. Herkunft seit Generationen zumindest aus der »Campania«, der Provinz rundherum, Arbeitslose, die man laut beklagt, in jeder Familie, da und dort auch einer eingesperrt, viele Personen von Bedeutung im Freundeskreis. Palermitaner reagieren in aller Regel ganz anders. Für sie ist die Verschiedenheit Prinzip. Nahezu jeder, selbst der Einfachste, weiß in seiner Ahnenreihe einen, der ganz bestimmt aus Palermo hinausreicht, einen, der etwas ganz Untypisches getan hat, oder der aus Tunis stammt und auf den man stolz ist - selbst wenn seine »Leistung« nur darin besteht, daß er sich einen blutigen Schädel geholt hat, ohne etwas auszurichten.
So einer ist z. B. Pasquino, Beiname »'u Geliddu« - warum, weiß er auch nicht, möglicherweise, weil er Eis verkauft, aber sicher ist das nicht. »Jedenfalls gibts in ganz Palermo nur einen, der so heißt«, sagt er stolz. Er hat drei Klassen Elementarschule gemacht, seine ganze Bildung. Trotzdem ist er imstande, mir nicht nur gleich ein Dutzend wunderbarer Plätze in Palermo zu empfehlen, sondern auch die Geschichte der Kirchen und Parks, der öffentlichen Palazzi und der vielen Einfälle fremder Völker fehlerfrei - mitunter legendenhaft ausgeschmückt - vorzuerzählen.
Vor dem »Aula-Bunker« - wo wir uns kennenlernten, als er mich ansprach, weil ich verbotenerweise fotografierte - hatte er sich eigentlich ein gutes Geschäft erwartet und daher seine Lizenz erworben. (Wo? Natürlich bei der Stadt - »das ist Vorschrift« - vor allem aber bei der örtlichen Straßenmafia, denn ohne die geht nichts.) »Aber es war ein Reinfall. Die haben 'rumgesagt, daß keiner den Prozeß besuchen soll, und da war eben nichts.« »Die«, das sind eben jene Mafiosi, von denen er die Lizenz hatte. Lediglich als Buscetta, der Kronzeuge, aus den USA kam, wurde es besser - aber da hatte der arme Pasquino seine Lizenz schon wieder zurückgegeben. »So sind wir eben«, sagt er, ohne den geringsten Groll, »wir haben immer auf der falschen Seite gestanden.« Sein Großvater z. B. hat 1860, als Garibaldi in Sizilien seinen Einigungsfeldzug begann, *gegen* den Freiheitshelden gekämpft, auf der Seite der dann abgesetzten Bourbonen. Pasquino, heute aktiver Kommunist, sieht keinen Grund, die Tatsache »dieses Trottels« in seiner Familie zu verschweigen; ganz im Gegensatz zu fast allen anderen Italienern, bei denen selbstverständlich irgendein Vorfahre an der Seite Garibaldis gefochten hat (so viele, daß man gar nicht an wirkliche Schlachten glauben kann, denn gegen ihn kann allenfalls noch eine Handvoll gewesen sein. Pasquinos Großvater zum Beispiel).
Die Ausnahmen prägen Palermo wie keine andere europäische Stadt. Auch Marie gehört zu ihnen; einsfünfundfünfzig groß, Universitätslektorin für deutsche Sprache. Im Gegensatz zu nahezu allen anderen Sprachlektoren, die aus dem Ausland kommen, ist sie aber Sizilianerin. Ihr Vater stammt aus Montelepre und war Dorfgenosse des legendären Banditen Salvatore Giuliano. Ihre Großmutter mütterlicherseits aber kommt aus einer jüdischen deutschen Familie, daher auch die Sprachkenntnisse Maries. Die Mischung von Kulturen - deutsche, jüdische, sizilianische - die sich bei ihr ergeben haben, ist fast prototypisch für Palermo. Die Stadt hat so viele Fremde beherbergt, daß es eigene Ausländerfriedhöfe gibt. Der schönste davon heißt »Cimi-

tero inglese« und sticht derzeit der Mafia ins Auge, denn er liegt in einem möglichen Spekulationsgebiet. Ab und zu wird daher »probeweise« ein Grabdenkmal zerstört, einem Engel ein Flügel abgehauen oder ein Kreuz umgestürzt. Wenn sich daraufhin niemand rührt, wird es eingeebnet. In einem anderen, mit schwerer Kette abgeschlossenen Ausländerfriedhof - wo es geradezu von umgestürzten Grabsteinen mit schweizerischen, deutschen, englischen Konsuln, Generälen, Dichtern, Malern und auch einfachen Arbeitern wimmelt - hat sich bereits eine Fabrik hineingefressen; sie ist mittlerweile aber bereits wieder eingegangen und wartet auf den Abriß für Wohnblocks.

Marie hat sich in den Kopf gesetzt zu heiraten - und stößt sofort wieder mit der Kultur zusammen, die sie eigentlich schon seit Kindheit kennt. Sie bestellt das Aufgebot für drei Wochen später. Unmöglich für Sizilianer, die sich da mindestens ein halbes Jahr Zeit nehmen, denn eine Hochzeit muß gründlich vorbereitet sein. Völlig unverständlich wird die Eile der Haushälterin Lucia, einer »echten« Palermitanerin, als sich herausstellt, daß Marie gar nicht schwanger ist. Lucia jedenfalls hat eine Wallfahrt auf den Monte Pellegrino versprochen, wenn »die Kleine« (wegen ihrer Größe, an sich ist Marie die Älteste) heiratet, denn sie geht schon an die dreißig. Lucia weiß auch alles, was man beachten muß, wenn man heiratet: daß man zur Trauung die gebrauchte Unterhose einer verheirateten Frau tragen muß, dazu irgendwo am Körper ein rotes Band. Das Bett für die Hochzeitsnacht muß von zwei Jungfrauen gemacht werden (wie sich herausstellt, ein solches Problem, daß am Ende Lucia, wiewohl verheiratet, aber immerhin ohne Kinder, selbst zugreift), und der Mann darf die Braut 24 Stunden vorher nicht sehen. Alles haushohe Schwierigkeiten, denn Marie verkehrt in ganz anderem Ambiente, hat die »Grünen« in Palermo mit aus der Taufe gehoben und kämpft zusammen mit anderen in der »Associazione donne siciliane contro la mafia«, einem der agilsten Antimafia-Bünde der Insel.

Auch dies eine Ausnahme: während sich in anderen Zentren der Kriminalität - wie in Neapel, Rom, Turin oder Mailand - erst allmählich eine Gegenbewegung gegen die organisierte »Malavita« bildet, kämpfen in Palermo die Frauen schon seit Jahren gegen die Mafia. Sie waren sogar die ersten, die sich zusammenschlossen, lange bevor die Männer den Mut fanden, sich zu organisieren und etwas gegen die »Ehrenwerte Gesellschaft« zu tun. Für den »Maxi-Prozeß« gegen die 475 angeklagten Clan-Mitglieder fand sich lange niemand, der bereit war, Geschworener zu werden. Wieder gingen Frauen voran, meldeten sich freiwillig, und nur deshalb konnte das Verfahren überhaupt beginnen. Während sich in Neapel die »Mütter gegen die Drogen« - mittlerweile durch Lina Wertmüllers Film »Camorra« verherrlicht - bisher lediglich in ihrer traditionellen Rolle als Beschützer ihrer Kinder gegen das organisierte Verbrechen wenden, greifen Siziliens »Frauen gegen die Mafia« längst über den bloßen Antimafia-Kampf hinaus, suchen sich insgesamt aus dem seit eh und je bestehenden Küchenghetto zu befreien und sind auf dem Weg zu einer so radikalen Emanzipation, wie sie das Festland nur selten kennt. Der von der Mafia hofierte Bürgermeister Martellucci bekam es als erster deutlich zu spüren, als ihm nach der Ermordung des Präfekten dalla Chiesa, 1982, eine Frau den Posten wegnahm und sich immer eindeutiger auf die Antimafia-Seite begab.

Auch Maries Mann Ciccio ist eine typisch palermitanische Ausnahme.

Seine Vorfahren waren, von Palermo aus, Landpächter im östlichen Vorland, Richtung Messina; dort, wo heute noch manches so ist, wie es Tomasi di Lampedusa in

seinem »Leopard« beschrieben hat. Da fahren die Gutsleute noch mit dem Pferdewagen frühmorgens zur Kirche, sticken Frauen schöne Decken und spielen die Kinder im speziellen Sonntagsanzüglein vor der Villa im Grünen. Ciccio selbst arbeitet bei der Regionalverwaltung in der Kulturabteilung und hat einen Großteil der historischen Dokumentationen zu verwalten. Ein Beruf, den man anderswo ohne Einschränkung als gefahrlose, ruhige Tätigkeit einstufen würde. Nicht so in Palermo. Ciccios Kollege von der archäologischen Abteilung intervenierte vor kurzem im nahen Monreale, wo eine Baufirma den völlig unsinnigen Auftrag erhalten hatte, am Fundament des weltberühmten Domes nach Kunstschätzen zu buddeln, was eine unabsehbare Einsturzgefahr mit sich brachte. Tags darauf wurde das Auto des voreiligen Archäologen angezündet; die Firma gräbt unbehelligt weiter.
Palermo, eine Stadt, in der Gewalt zu regieren scheint; in Spitzenjahren kam man hier schon auf mehr als 150 Tote durch mafiose Verbrechen. Neben vielen Clanmitgliedern wurden innerhalb weniger Jahre ein Dutzend Staatsanwälte und Richter ermordet, dazu hohe Politiker bis hin zu Regionalministerpräsidenten und zum Polizeipräfekten, sowie an die fünfzig Polizisten, großenteils während ihres Eskorteneinsatzes. Dennoch ergab gerade jetzt eine Untersuchung, daß gleichzeitig in Palermo, gemessen am italienischen Landesdurchschnitt, eine besonders niedrige Rate von Gewalt gegen Kinder vorhanden ist - die zwei Seiten ein und derselben Medaille. Palermo reagiert offenbar die Aggressionen stets unmittelbar ab, direkt gegen den »Gegner« oder den Feind (wobei freilich sehr oft Unbeteiligte in Mitleidenschaft gezogen werden); es gibt wenig Verdrängung. Fußgänger auf den Straßen werden nicht, wie in Rom oder Neapel, durch Anhalten begünstigt; man fährt auf die hechelnden Nichtmotorisierten fast ohne zu bremsen los. Dafür aber heult danach kein Motor so auf wie in den Städten des Nordens, wenn man sozusagen zähneknirschend höflich war und nun zeigt, daß man den Störenfried auf dem Weg eigentlich viel lieber über den Haufen gefahren hätte.
Die Stadt hat gut 700000 Einwohner - »siebenhunderttausend Individualisten«, wie der derzeitige Bürgermeister Leoluca Orlando vor kurzem stöhnte, als ihm wieder einmal 17 »Heckenschützen« aus der eigenen Partei bei einer geheimen Abstimmung die Regierungskoalition zerstörten. Nonkonformismus als Bürgerprinzip - das Aufmüpfen gegen Oben, die Rebellion ist das Einende in Palermos Geschichte. Oft gingen die Palermitaner zukunftsweisend der ganzen Welt voraus; aber meist wurde das nicht anerkannt oder erscheint heute ganz anders in den Geschichtsbüchern. Wer weiß z. B. schon, daß 1239 das erste moderne Parlament in Palermo tagte, 25 Jahre bevor die Engländer auf dieselbe Idee kamen; und doch wird London allgemein als Ursprungsort des Parlamentarismus geführt. Wer weiß, daß in der Neuzeit zum ersten Mal die Forderung nach Abschaffung der Todesstrafe in Palermo erklang, 1580, im Buch »Avvertimenti cristiani ai miei figli« des Philosophen Argisto Giuffredi? Oder daß der moderne Feminismus bereits 1735 von zwei Palermitanerinnen vorgedacht wurde, von Genoveffa Biusso und Isabella Bellini, die sich öffentlich dem maskulinistischen Opus des Apothekers Luigi Sarmento (»Lu vivu mortu«) entgegenstellten? Vieles, was die Geschichte anderen Zonen oder Personen zuschreibt, hat seinen Ursprung in Palermo und bei den Palermitanern: Garibaldis angeblich originärer Schlachtruf »Roma o morte« stammt z. B. von einem jungen Rekruten aus der sizilianischen Hauptstadt. Auch die ersten antifaschistischen Widerstandsgruppen (»Movimento del soldino«) bildeten sich 1923 hier, und nicht im Norden, wo die Propagandi-

sten der Arbeiterbewegung sie gerne sähen.
Immer wieder haben die Palermitaner - manchmal mit dem Rest Siziliens, manchmal ohne oder auch gegen ihn - versucht, ihren Willen gegen die ständige Fremdbesetzung zu artikulieren und durchzusetzen - die »Voluntas Siculorum« ist bis heute ein stehender Begriff. Ob die Phönizier die Stadt einnahmen oder die Karthager (die Griechen kamen, merkwürdigerweise, nie zur Herrschaft über Palermo, während sie sonst die ufernahen Städte weitgehend dominierten), die Römer oder nach ihnen Vandalen und die Goten, die Byzantiner, die Araber, die Normannen, die Hohenstaufen, die Franzosen, die Spanier, die Savoyer oder die Bourbonen - stets gab es Aufstände oder, bei Regierungs- oder Thronwechseln, Versuche zur Realisierung der »Voluntas Siculorum«. Meist gelang dies freilich allenfalls kurzzeitig und oft nur blutig, etwa in der »Sizilianischen Vesper«, als am Ostermontag 1282 die Palermitaner die Franzosen hinauszujagen bzw. umzubringen begannen. Selbst nach der Reichseinigung durch den von Palermo (keineswegs von ganz Sizilien) unterstützten Garibaldi fanden die Palermitaner nach 1860 bald wieder Haare in der Suppe und suchten nach autonomer Politik. Ende des Jahrhunderts bildeten sich die »Fasci dei lavoratori«, denen die Landreform nicht zügig genug vorankam; sie wurden aus Rom blutig unterdrückt. 1943, nach dem Zusammenbruch des Mussolinifaschismus, der in einem von alten Grundbesitzern und schlauen Mafiosi inszenierten Aufstand des Banditen Giuliano und seiner Bande gipfelte, wonach die Zentralregierung 1946 der Insel ein großzügiges Autonomiestatut zugestand, dessen Sonderbestimmungen auf dem Gebiet der Ordnungskräfte und des Bankwesens noch heute so manchem Mafioso bei seinen Geschäften nützlich sind.
»Welch eine Stadt«, entfuhr es dem Italienreisenden Johann Wolfgang Goethe, der 1787 siebzehn Tage in Palermo war, »hier brachte ich im Stillen die vergnügtesten Stunden zu, es ist der wunderbarste Ort der Welt.« Natürlich kannte der Geheimrat noch nicht die Zerstörungen, die die Bauspekulation der Mafia in unserem Jahrhundert, speziell in den letzten dreißig Jahren, in der Stadt angerichtet hat. Aber es genügt auch heute noch, das zu betrachten, was die abrißwütigen Unternehmer nicht kaputtgekriegt haben, um zu sehen, daß hier tatsächlich eine Stadt lebt, die das Zeug zur Metropole Europas und zur Brücke zwischen Europa, Afrika und Asien hatte und teilweise noch immer hat. Phönizische, griechische, römische Einflüsse, maurische, arabische, barocke Elemente stehen nebeneinander, gehen ineinander über, ergänzen einander, zeigen Kontinuität und Wandel zugleich an.
Kunstkritiker monieren freilich gerne, daß sich in Palermo allzuviele Epochen verewigen wollten und daher Ursprüngliches zerstört haben. Musterbeispiel: die 1801 auf die arabisch-normannische Kathedrale Santa Rosalia aus dem 12. Jahrhundert aufgesetzte Kuppel, die alle Reiseführer vor Wut erbeben läßt, weil sie angeblich störend wirkt. Tatsächlich aber ist genau dies Palermo: die jederzeitige Bereitschaft, das Heute über das Gestern dominieren zu lassen, Neues zu bauen, selbst wenn dadurch Altes draufgeht. Die Neugier der Palermitaner kennt kaum Grenzen; möglicherweise rührt das von der Vereinigung des alten Seefahrerelements mit dem rebellischen Fühlen her.
Doch auch darin zeigt sich Palermo: nie wird etwas ganz beseitigt, immer bleibt etwas stehen, das vom Vergangenen zeugt, auch wenn neues darüberkommt. Die herrliche, ganz orientalisch anmutende Kirche San Giovanni degli Eremiti, 1132 errichtet, behält z. B. noch immer die Längswand der zuvor zerstörten Moschee bei -

eines der Relikte aus muselmanischer Zeit, die immerhin mehr als zwei Jahrhunderte gedauert hat, deren wertvollste Denkmäler jedoch der massiven Überlagerung durch das Christentum zum Opfer gefallen sind. Dennoch läßt sich noch immer ermessen, welche Bedeutung der Orient hier einmal hatte - die rötlichen Kuppeln, wie Kamelhökker auf Kirchen und Kapellen, mahnen stets daran.

Viele Dinge erhalten in Palermo einen ganz anderen Sinn als in anderen Zonen Italiens, selbst als im restlichen Sizilien. Eine Hochzeit in Rom provoziert z. B. in Rom den Kommentar »A fatt' u' bo' pattito«, er (oder sie) hat eine gute Partie gemacht, und in Neapel »A sposà 'o ragazz' molto bravva«, er hat ein tüchtiges Mädchen geheiratet. Dagegen nicken sich in Palermo die Leute zu: »Si maritanu li povireddi pri fari li puviredduzzi« - die Armen heiraten, um arme Würmer zu gebären.

In der Tat sagt die Statistik über die Armut in Palermo Bedrückendes aus. Nominell sind an die 25 Prozent der Erwerbsfähigen ohne regelmäßige Arbeit, zwischen zehn- und fünfundzwanzigtausend davon sollen drogenabhängig sein. In manchen Quartieren hat die Polizei schon bei Acht- bis Zehnjährigen schwerste Rauschgiftsucht festgestellt, in anderen sind fast zwei Drittel aller Jugendlichen zwischen 14 und 20 Jahre schon einmal mit Heroin oder Kokain, hartem Stoff also, in Berührung gekommen.

Dennoch: nirgendwo in Italien wird Armut so »gekonnt« behandelt wie in Palermo; nahezu jeder gibt an, irgendeiner Tätigkeit nachzugehen. Berufe, die es anderswo längst nicht mehr gibt, sind hier noch lebendig. »Accattatevi u sali, accattatevillu ora. Che quammu mi cercate non mi trovate« singt tagtäglich ein junger Mann, der mit einem Handkarren durch die Straßen zieht - der Salzverkäufer: »Kauft Salz, Leute, kauft es jetzt, denn wenn Ihr mich hernach sucht, bin ich nicht mehr da«. Er hat den Wagen von einem Onkel übernommen, der das »Geschäft« seinerseits einem Kriegsinvaliden an der Piazza Politeama abgekauft hat, als dieser nach Amerika auswanderte. »Ich leb davon«, sagt er schlicht. Den in Neapel so häufig hingejammerten (zutreffenden) Satz »Non c'è lavoro« - es gibt keine Arbeit - bekommt man in Palermo kaum zu hören. Die Menschen sind eher stolz darauf, daß ihre Erfindungsgabe ihnen immer wieder irgendwie ein Einkommen verschafft. Rabiat werden sie nur, wenn man ihnen ihre Quellen verstopft, selbst wenn diese offensichtlich kriminell sind. »Es lebe die Mafia, sie gibt uns wenigstens Arbeit«, stand kurz vor Beginn des Mafia-Prozesses auf den Plakaten einer Arbeiterdemonstration vor dem Rathaus. Bürgermeister Leoluca Orlando hatte dafür gesorgt, daß Firmen keine städtischen Aufträge mehr bekommen, deren Eigentümer in Mafia-Verfahren verwickelt sind. Und so wurden die Arbeiter eines Bauunternehmens entlassen.

Auch der Reichtum zeigt sich in Palermo anders als in anderen Städten. Nirgendwo quellen die Auslagen so über vor teuren Kleidern, wertvollem Schmuck, protzenden Autos. Wo Mailand dezente Bankiersatmosphäre baut, in Rom die Haute coiture und die Top-Juweliere sich hinter winzigen Schaufenstern verstecken, zeigt Palermo allen und überall, welch unglaubliche Schätze die Welt zu bieten hat - wenn man nur den Mut hat, zuzugreifen. Palermo-Analytiker, wie der Soziologe Pino Arlacchi, mutmassen, daß »dieser zur Schau gestellte Reichtum auch einer der Anreize für viele Mitläufer der Mafia ist, sich ‚ihren' Anteil am Wohlergehen notfalls gewaltsam zu sichern«; unerschöpfliches Rekrutierungsfeld für die »picciotti«, die Bandenmitglieder, derer sich die »Ehrenwerten Herren« jederzeit bedienen können.

Riten und Mythen, ja sogar die Religion, nehmen in Palermo nicht nur spezielle Formen, sondern auch besondere Bedeutungen an. Den in ganz Italien üblichen und keineswegs allzu harten Fluch »Porco Dio« sollte man sich in Palermo hüten auszusprechen - er gilt allenthalben wirklich als Gotteslästerung, die der Zuhörer nicht hinnehmen darf. Christentum ist Selbstverständlichkeit - bis hin zur Heuchelei. Selbst in den kriminellsten Mafia-Familien wird darauf gehalten, daß Tochter und Sohn kirchlich heiraten, daß die Frau brav die Messe besucht, daß die Kinder feierlich getauft werden, und daß ein Priester in der Familie ist, als eine Art Rückversicherung für die Ewigkeit. Eine ganze Reihe Gottesmänner ist mittlerweile vor Gericht gelandet, wegen Begünstigung oder gar Beihilfe zu mafiosen Taten. Die Nutzung religiöser Moral ist das Kennzeichen gerade der skrupellosesten Familien in der Stadt. Als der Kronzeuge Tommaso Buscetta im Prozeß gegen die anderen »Ehrenwerten« aussagte, war die schlimmste, immer wiederkehrende, Gegenrede die: »Wie kann man einem solchen Menschen glauben - der hat doch drei Frauen, eine in Palermo, eine in Brasilien, und dazu noch eine Freundin!«

Doch auch die andere Seite macht sich auf diesem Gebiet bemerkbar, die nichtmafiose: nirgendwo kämpfen einzelne Priester so verbissen gegen die Kodices und den Handel der Mafia wie in Palermo, suchen in ihren Vierteln den Menschen klarzumachen, daß man auch eine andere Kultur schaffen kann, die nichtmafios und dennoch nicht weniger sizilianisch und autonom ist. Einige Zeit schien es, als wolle sich der dortige Kardinal Pappalardo gar an die Spitze einer kirchlichen Antimafia-Bewegung setzen (»Während in Rom diskutiert wird, fällt Sagunt«, rief er, alte Weisheit zitierend, bei der Totenmesse für den ermordeten Präfekten dalla Chiesa und seine Frau dem Volk zu). Inzwischen aber wurde er zur großen Enttäuschung aller Mafia-Gegner: er hat sich völlig vom Kampf zurückgezogen. Vielleicht kam ein Wink aus Rom, denn der Papst hat sich bei seinem Besuch Ende 1982 geweigert, die Exkommunikation gegen Mafiosi zu bestätigen, die Pappalardo verfügt hatte.

Palermo - eine Welt, in der fast alles anders ist; bis hin zu den Schimpfworten. Nicht »Sau«, »Arsch«, »Rindvieh«, »Trottel« oder »Idiot« ist hier, wie sonst überall, die übelste Beleidigung, sondern »Babbaluci« - Schnecke. Denn: »Quammu t'aiu rittu babbaluci, t'aiu rittu quattru cuose: curnutu, strica 'n terra, porta in cuddu, vaviusu«, wenn ich Schnecke sage, sage ich dir vier Dinge: du bist gehörnt, kriechst auf dem Boden, buckelst und bist schleimig. Die vier größten Beleidigungen für einen Sizilianer: daß ihm seine Frau Hörner aufsetzt, daß er seinen Stolz aufgibt, daß er anderen gegenüber untertänig ist, und daß er geifert.

(1986)

Italiens Mafia und die Linke

Die Mehrheit linker Rechtsanwälte verteidigt lieber Mafiosi als Angehörige Ermorderter

Interview (für die »Tageszeitung«) mit Sandro Canestrini

Sandro Canestrini, 64, Rechtsanwalt aus Roverto in Oberitalien, ehemaliger Partisan und früher zuerst für die Kommunistische Partei, später als Linksunabhängiger im Parlament, gehört zu den wenigen Rechtsanwälten, die den Mafia-Prozeß in Palermo zu dem zu machen versuchen, was er eigentlich auch von Amts wegen sein sollte: ein Verfahren gegen den Filz aus Mafiosi, Geheimzirkeln und gar nicht so geheimen Polit-Größen. Vor Prozeßbeginn sammelte Canestrini einige Dutzend nichtsizilianischer Rechtsanwälte, um den Nebenklägern - in der Regel Angehörige von Mafia-Toten, aber auch Umweltverbände und Bürgerinitiativen - unentgeltlich Vertretung vor Gericht anzubieten. Bei seinem ersten Auftritt vor Gericht provozierte er einen regelrechten Aufstand der Mafiosi-Verteidiger (einer regte sich so auf, daß er einen Herzinfarkt bekam). Er hatte u. a. gerügt, daß der derzeitige Außenminister Andreotti (Christdemokrat), der Verteidigungsminister Spadolini (Republikaner), der Europa-Abgeordnete Salvo Lima (DC) und der Notenbankpräsident Ciampi nicht zumindest als Zeugen geladen sind, wo sie doch aufgrund zahlreicher Aussagen auf dubiose Weise in Mafia-Skandalen auftauchten.

FRAGE: *Warum haben Sie diese Kampagne zur Sammlung von Verteidigern gestartet?*

CANESTRINI: Der Sohn des ermordeten Präfekten dalla Chiesa hatte Anfang Februar in »L'Espresso« einen verzweifelten Aufruf veröffentlicht, weil ein Großteil der Nebenkläger sich eine Verteidigung einfach nicht leisten kann. Es gibt ungefähr ein Dutzend »prominenter« Opfer bei den neunzig Morden, die hier zur Debatte stehen, und deren Angehörige haben - wie die dalla Chiesa selbst - die Möglichkeit, die erheblichen Kosten einer Nebenklage aufzubringen, in der Regel haben sie Verteidiger aus der traditionellen Linken. Wir wollten uns an die Seite der Nichtprominenten stellen, der namenlosen Witwen und Mütter, deren Männer und Söhne von Mafia-Killern umgebracht wurden, der Angehörigen von Menschen, die z. B. alleine aus dem Grund ermordet wurden, weil sie Tatzeuge waren. Wir wollen uns aber auch an die Seite ehemaliger Mafiosi stellen, die den Ausstieg versuchen und gerade darob immense Schwierigkeiten haben. Daß gerade ich es war, der diese Kampagne gestartet hat, hängt mit meiner persönlichen Geschichte zusammen. Solches Engagement kommt schon aus meiner Partisanenzeit, ich habe aber auch die Nebenklage in Prozessen gegen rechtsterroristische Attentäter geführt. Die Kollegen, die hier mitmachen, kann man summarisch auch »alternative« Rechtsanwälte nennen, d. h., es geht uns nicht nur um die Professionalität, sondern auch darum, daß wir auf der richtigen Seite stehen.

FRAGE: *Gab's bei Ihrem Engagement Schwierigkeiten?*

CANESTRINI: Und wie! Wir haben uns, als wir hier ankamen, wie eine Art Fallschirmspringer gefühlt, von niemandem erwartet. Einige Gründe dafür liegen schon weiter zurück. Wir werfen vor allem den politischen und gewerkschaftlichen Organisationen vor, daß sie in den vergangenen Monaten keinerlei nennenswerte Kampagne durchgeführt haben, um diesen Prozeß ins Bewußtsein der Welt zu bringen. So haben wir hier eine enorm mißtrauische Gesellschaft vorgefunden, vor allem aber eine Linke, die sich nicht gerührt hatte, die überhaupt nichts dafür getan hatte, um den politischen Aspekt dieses Prozesses klarzumachen.

FRAGE: *Das sollten wir gleich weiter klären. Handelt es sich darum, daß Leute wie der Anwalt Giuliano Spazzali, die einst die Linken Toni Negri und Giuliano Naria verteidigt haben, nun plötzlich als Verteidiger von Mafiosi auftauchen?*

CANESTRINI: Ja, das ist sehr traurig. Ich habe Spazzali darauf angesprochen, und er sagte mir, daß seine Mandanten nur sehr kleine Fische sind. Das macht seine Wahl vielleicht verständlich, entschuldigt sie aber wohl nicht. Ich meine aber, daß man speziell bei ihm auch daran denken muß, daß er jahrelang, eigentlich jahrzehntelang Linke verteidigt hat, ohne auch nur eine Lire dafür zu kriegen, daß man ihm Strom und Telefon abgestellt, das Büro gekündigt hat usw. Irgendwann muß er wohl auch mal daran denken, daß er was zum Leben braucht. Eine schlimme Sache ist es trotzdem.

FRAGE: *Es gibt da aber wohl auch gravierende Fälle, etwa die des ehemaligen PCI-Abgeordneten Riela, der gesagt hat: wenn ich zwischen einem Mafioso, der zahlt, und einem Nebenkläger, den ich unentgeltlich verteidigen muß, wählen kann, nehme ich den Mafioso.*

CANESTRINI: Das war schlicht niederträchtig. Viel wichtiger aber ist mir da der Gesamtrahmen, in dem das steht. Der PCI hat, nachdem ich Rielas Sätze als öffentliche Niedertracht bezeichnet habe, eine Erklärung von ihm verlangt. Darauf hat er ein Dementi gegeben, das in Wirklichkeit eine Bestätigung seiner Position war. Damit hat sich der PCI zufrieden gegeben. Und das ist kein Zufall. Denn es zeigt den Verfall dieser Partei, einer Partei, die vor vierzig Jahren die Bauern beim Landbesetzen angeführt hat. Heute muß die Leute wie Riela in ihren Reihen dulden. Als im Europaparlament der Antrag gestellt wurde, die Affären des immer wieder in Mafia-Verdacht stehenden christdemokratischen Abgeordneten Savo Lima zu untersuchen, hat sich der PCI der Stimme enthalten. Es gibt hinsichtlich der Mafia halt innerhalb des PCI zwei Parteien: die Armen, die kämpfen, die sich opfern und die sterben, und den bürokratischen, sklerotischen Apparat, der entweder auch in so manches verwickelt ist, was er nicht sagen kann, oder der schweigt, weil er schlichtweg nichts verstanden hat.

FRAGE: *Wie ist Ihr Angebot denn nun hier angekommen?*

CANESTRINI: Ja, das war nun eine sehr merkwürdige Erfahrung. Wir sind hierhergekommen, weil wir dachten, hier gibt es eine Menge Leute ohne Rechtsbeistand. Stattdessen haben wir uns dann als Rechtsanwälte ohne Mandanten gesehen. Ich persönlich bekam z. B. eine Reihe von Anrufen mit Bitten um Treffen - geheime Treffen, heimlich. Da bin ich hingegangen, und da habe ich Menschen getroffen, die ihre Söhne verloren hatten oder ihre Eltern, umgebracht von der Mafia. Und die haben mich getroffen, um mir zu sagen, daß sie mir danken, die vor mir geweint haben, und die mir dann sagten, daß sie nicht den Mut haben, vor Gericht zu gehen und Gerechtigkeit zu fordern. Schließlich haben wir die Mutter eines Jungen gefunden, der von der Mafia, möglicherweise aus internen Gründen, umgebracht worden ist. Darüber hinaus versuchen wir, die Lega per l'ambiente, den Umweltschutzverband als Zivilkläger durchzusetzen, der die Interessen unzählig vieler Bürger vertritt, denen z. B. die mafiose Bauspekulation die Umwelt zerstört und die Lebensbedingungen genommen hat.

FRAGE: *Was kommt nun am Ende wohl dabei heraus?*

CANESTRINI: Wir haben erst einmal eine immerhin landesweit beachtete Kampagne ausgelöst. Dann haben wir gezeigt, daß man hierherkommen kann, wenn man einig ist und sich auch Gehör verschaffen kann, und daß man doch nicht angeschossen wird. Und schließlich haben wir die Befriedigung gehabt, hierhergekommen zu sein, und das ist für Advokaten nicht wenig, gerade in einem Beruf, der allzu oft nicht gerade sauber ist.

FRAGE: *Wird denn der Prozeß möglicherweise Klärungen und damit Schwierigkeiten für die Mafia bringen?*

CANESTRINI: Zunächst einmal: hier stehen ja nun nicht die Generäle vor Gericht, hier stehen die kleinen Handlanger und ein paar mittlere Chargen, mehr nicht. Die große Gefahr, die wir sehen, besteht aber in einer Sache, die man von außen vielleicht als juristische Spitzfindigkeit ansehen kann, aber sie ist der Dreh- und Angelpunkt. All die neunzig Morde, um die es hier geht, stehen in einem inneren Zusammenhang, nämlich mit einer verbrecherischen Vereinigung. Das Gericht kann nun all die Killer, die sie hier zusammengefangen haben, verurteilen und dennoch das gesamte Verfahren und damit den Schlag gegen die Mafia kaputt machen, indem es jeden Mord als getrennte, in sich geschlossene Tat wertet, der mit den anderen Morden und der verbrecherischen Vereinigung nichts zu tun hat. Dann hätten wir zwar einen Riesenprozeß durchgeführt, die Mafia als solche aber wieder aus allem herausgelassen. Das, genau das, ist die große Gefahr. Und dann hätten wir selbst dann verloren, wenn am Ende für jeden Mord ein Lebenslänglich verhängt würde. Uns nämlich interessieren nicht die kleinen Handlanger und selbst nicht einmal die Killer, wir wollen diesen Filz, diese Verflechtung von hochentwickelter Kriminalität und Politik zu Fall bringen.
(1986)

Wallfahrtsort Banditengrab

In Italien werden historische Orte des Banditismus zu »Kulturdenkmälern«.

Der Omnibus mit den schwedischen Gästen rumpelt durch die überwiegend schlechten Straßen Palermos. »Wir fahren jetzt durch die Via Isidoro Carini«, verkündet der Ausflugsbegleiter, »hier wurde der Präfekt Carlo Alberto dalla Chiesa mit seiner dreißig Jahre jüngeren Frau von der Mafia ermordet.« Der Pullmann biegt ab, wird zum Vorort Ciaculli gelenkt. Dort gilt es, den festungsartigen Bau zu besichtigen, den bis 1983 - der Zeit der großen »Blitzaktionen« gegen die Mafia - der Clan der Greco, »insgesamt mehr als ein Dutzend Lebenslängliche darunter«, wie der Führer sagt, bewohnt hat. Zusatz: »Aber bislang haben sie keinen von ihnen erwischt.« Abschluß der Stadtrundfahrt: das fünfeckige Gefängnis »Ucciardone«, wo der Sprecher zu berichten weiß, daß »da Ende 1982 die Mafiosi dafür gesorgt haben, daß der Kardinal Pappalardo seine Weihnachtsmesse nicht zelebrieren konnte, weil er sich vorher so laut gegen die Mafia ausgesprochen hatte«.
Sightseeing in Italiens Süden - eine neue Variante der Grusel-Ausflüge für Fremde. Eine in gewisser Weise makabre Situation: auf der einen Seite kämpfen Kirche, einige unerschrockene Richter, Staatsanwälte, Polizisten und wenige Privatleute, wie der Sohn des erschossenen Präfekten, Nando dalla Chiesa, für die »Zerstörung der mafiosen Kultur« - auf der anderen Seite wird eben diese Kultur ästhetisiert und heroisiert.
Etwa zur selben Zeit quält sich ein anderer Autobus, besetzt mit Schweizern und Deutschen, die Straße hinter Monreale hinauf auf eine Höhe von über sechshundert Metern, dann wieder hinab, Richtung Partinico, dorthin, wo einst der mutige Danilo Dolci seinen Kampf für die Bauern und gegen die alles beherrschenden Mafiosi aufgenommen (und im Grunde verloren) hat. Aber nicht Danilo Dolcis Ambiente ist das Ziel - die Touristen wollen nach Montelepre, auf halbem Weg zwischen Monreale und Partinico, denn dort liegt der berühmteste Nachkriegsbandit Italiens begraben, Salvatore Giuliano (Held - oder Antiheld - von Rossis »Wer erschoß Salvatore G.«), der nach dem Krieg, im Auftrag der alten Barone und der mächtigen Mafiosi, einen Separatistenaufstand durchgeführt hat, den die Mafiosi dann abbliesen, als die römische Regierung ihnen ein phänomenales Autonomie-Statut gewährte. Giuliano aber kämpfte weiter, suchte gar den Anschluß Siziliens als Bundesstaat der USA und wurde 1950 von seinem Vetter erschossen (was die Polizei Palermos dann auf ihre Erfolgsliste schrieb). Mehr als zehntausend Besucher kommen jährlich in das 5300 Einwohner kleine Nest, stehen andächtig vor dem Foto an Giulianos Grab, speisen oder übernachten gar in »Giulianos Castle«, das sein Neffe führt, und suchen möglichst eines der Fotos aus dem bereitwillig gezeigten Familienalbum der Giulianos zu ergattern (auf merkwürdige Weise wachsen die geklauten Abzüge über Nacht stets wieder nach). Ein kleines Giuliano-Museum ist im Entstehen - freilich wird dort nichts erwähnt von dem schrecklichen Massaker, das der »Held« 1947 unter einer friedlichen 1. Mai-Demonstration angerichtet hat. Für die Besucher soll er ein moderner Robin Hood sein.
»Was für eine Welt«, kommentiert Nando dalla Chiesa, »da werden Menschen und Clans heroisiert, deren jeder mehr Menschen auf dem Gewissen hat als der gesamte Linksterrorismus der Nachkriegszeit in Italien. Was geschähe, wenn man ein Lokal ‚Zu den zwei Terroristen' nennen würde? Der Volkszorn wäre los, und zu Recht.

Aber ‚Zu den beiden Mafiosi', wie in Palermo geschehen, kann man es durchaus nennen. Das heißt dann Kultur.«

(1985)

Kriegsvorbereitungen? Wir sind schon im Krieg

Italienische Inseln im Belagerungszustand

Giovanna Scaducci, Hausfrau, ist »denen« schon zweimal »gerade noch so davongekommen«. Carlo Cimino, Lehrer, saß gar »einige Stunden im Jeep der Militärpolizei, in Handschellen«. Alimentaria-Besitzer Eugenio, vor zehn Jahren zugewandert, »sieht und hört lieber nichts«, und sagen will er schon gar kein Wort. Soldaten, die ich anspreche, winken mit dem Handrücken ein eindeutiges »Hau ab«, und der Taxi-Chauffeur erklärt, wenn ich noch ein einziges Mal »sowas« mache, läßt er mich auf der Straße stehen: Bilder von Pantelleria, Italiens viertgrößter und afrika-nächster Insel, berühmt wegen ihrer Grotten, der farbigen Felsen und ihres vorzüglichen Weines.

An schönen Tagen sieht man Tunesien und, vom 836 Meter hohen Montagna Grande aus, angeblich manchmal sogar Libyens Küste. Derzeit allerdings ist graues Wetter, und selbst wenn es besser wäre, sähe man nichts: der Berg ist ebenso eingesperrt wie Großteile der Küste. Die Ringstraße, die ich voriges Jahr bei der Vorbereitung eines Reiseführers entlangkurven konnte, ist an vielen Stellen durch querstehende Militärfahrzeuge blockiert. Wo man hintritt, verstellt einem ein Uniformierter, meist im Kampfanzug, den Weg. Fotografieren ist so streng verboten, daß sie mich sogar noch filzen, ob ich einen Reservefilm habe. »Als ob sie einen Krieg vorbereiten«, sage ich, als wieder einmal vier Kampfbomber über Scauri, den südwestlichsten Ort der Insel, hinwegbrausen; aber da lacht Giovanna Scaducci nur. »Vorbereitung zum Krieg? Das ist Krieg, was wir hier haben! Und noch dazu Krieg mit unseren eigenen Leuten. Die haben Schießbefehl. Wer in der Nacht nicht beim ersten Anruf stehenbleibt, kriegt eines drauf.« Giovanna blieb nicht stehen. »Ein Glück, daß es Italiener waren«, sagt sie, »die schießen wohl absichtlich daneben.«

Carlo Cimino hatte keinen Ausweis dabei - festgenommen.

Pantelleria ist seit zwei Wochen gleichsam »besetzt«. 8500 Einwohner hat die Insel - auf gut 6 - 8000 schätzen die meisten hier die Anzahl der Soldaten. Als Präsident Reagan »Sanktionen« gegen Libyen versprach, rückten AWACS-Flugzeuge und Alpha-Jets ein; mittlerweile heben sich auch Kampfschiffe vor der Küste ab. Gespenstisch dies alles: man sieht nicht einen einzigen GI, nicht einmal amerikanische Flugzeuge. Die Flugzeuge dröhnen hinter den Vulkanbergen hoch, die Hubschrauberstaffeln tackern drohend über die Ortschaften hinweg, aber die Hügel und Schluchten verschlucken das Getöse wieder, von einem Moment zum anderen, wie die Menschen in den Kampfmaschinen. Ob die Präsenz den Insulanern signalisieren soll: wir schützen euch, oder ob Ghadaffis hier vermutete Gewährsleute das dem libyschen Erzfeind melden sollen, ist unklar. Klar ist aber, gegen wen die Leute hier sind: sicher auch gegen Ghadaffi, mehr aber noch gegen die US-Staffeln - und gegen die eigene Regierung, Verteidigungsminister Spadolini insbesondere. Ihn »ins Wasser zu werfen, wenn er sich hier sehen läßt«, wäre »uns ein Hochgenuß«, wie uns nicht nur ein Pantellerianer versichert. Spadolini hat den Italienern das Debakel eingebrockt. Damit die US-Soldaten ungestört ihre Machtdemonstration vor Libyens Haustüre abspulen können, schützen Spadolinis Soldaten den Großen Bruder. Kein Wunder, daß wir Journalisten zu den unbeliebtesten »Gästen« der Offiziellen hier gehören. Ein ARD-Team muß, vom fahrenden Wagen aus, mit verdeckter Kamera drehen, weil längst keiner mehr weiß, wo das Sperrgebiet beginnt und wo man noch etwas

aufnehmen kann.
Eigentlich hatte ich, da zur Vorbereitung der Mafiaprozeß-Berichterstattung in Sizilien, nur einen Abstecher nach Sigonella bei Syrakus (wohin die USA die Achille-Lauro-Piraten entführt hatten) und nach Comiso (wo die »Cruise missiles« stehen) machen wollen, um mal so die Stimmung zu erkunden. An die Basen heranzukommen ist natürlich unmöglich, viel weiter als je zuvor ist das NATO-Gebiet abgesperrt. Mißtrauische Feldjäger und wohl auch zahlreiche Zivil-Späher umgeben die Basen. Aber die Kommunikation der Menschen hier untereinander scheint in dem Maß zuzunehmen, wie die Nachrichtensperre verstärkt wird. Von der wirklichen Größe der Truppen-Massierung in Pantelleria z. B. steht weder in den Zeitungen etwas, noch erfährt man genaues aus dem Verteidigungsministerium - aber um Syrakus und um Comiso herum wissen es viele, nicht nur die Restbewohner der »Friedenscamps«. Doch nur selten wird das Säbelrasseln mit einem »meno male«, »welches Glück«, begleitet, eher mit der Angst, daß »die Amis da was anfangen«. Das Wort »Krieg« kommt in Sizilien nirgendwo über die Lippen, es wird umschrieben mit »Auseinandersetzung« oder »Schlagabtausch«; in Pantelleria stattdessen ist es an der Tagesordnung. Gespenstisch jedoch ist, wie in Pantelleria, auch in Comiso und Sigonella das Bild der US-Krieger: ständig hochdonnernde und herabpfeifende Flugzeuge, Hubschrauberstaffeln im Tiefflug - aber nirgendwo lebensechte Amerikaner. Nachts freilich fühlt man sich nach Las Vegas versetzt: die gesamte Base in grelles Licht getaucht (wobei man von den Geschossen nur die Erdbunker ahnen kann), Lichtfinger in den Himmel gereckt, Tiefstrahler an den Zäunen und um die Gebäude. »Kein Wunder, daß die selber nur noch Geister sehen«, sagt Carlo Cimino, »die leben da ja wie im Raumschiff. Die sehen und hören nur sich selbst, und ich glaube, die wissen nicht einmal, wie ein leibhaftiger Italiener aussieht. Lauter Spezialisten, die nur darauf horchen, was der ‚Feind' macht, und auch den kennen sie nicht wirklich.«
Am Samstag verbreitet sich die Nachricht, daß vier libysche Jäger einigen manövrierenden US-Flugzeugen auf den Pelz gerückt waren; die Inselbewohner zucken die Achseln. Dann wird bekannt, daß an die zwanzig amerikanische Kriegsschiffe in der Syrte von Libyen eingetroffen sind. »Früher hätte man gesagt ‚Gottseidank, jetzt kommen die unseren'«, sagt Carlo Cimino, »heute sagen wir, ‚Gottseidank, daß die Russen schon da sind und die Amis von Dummheiten abhalten'.« Und Carlo Cimino ist nicht etwa ein gestandener Kommunist, sondern alterprobter Christdemokrat.
(1986)

Der »Palazzo« und die »okkulten« Mächte

Eine Topographie des politischen Systems in Italien

»Mit absoluter Zuverlässigkeit«, beklagte sich Giulio Andreotti, christdemokratischer Außenminister der (sozialistisch geführten) Regierung Craxi, »wird mein Name hervorgezerrt, wo und wann immer es hierzulande einen politischen Skandal gibt.« In der Tat - nur selten hat der heute 65-jährige eine Gelegenheit ausgelassen, mit negativen Kommentaren bedacht zu werden. Seit 1946 in der Politik (als Mitglied der Verfassunggebenden Versammlung), seit 1954 in Ministerämtern (Innen-, Finanz-, Schatz-, Haushalts-, Handels-, Industrie-, Verteidigungsministerium) und ab und zu gar Ministerpräsident, gilt er der italienischen Öffentlichkeit so recht als Musterbeispiel eines Mitglieds der herrschenden Schicht, die Pier Paolo Pasolini einst mit dem inzwischen geflügelten Wort »Palazzo« beschrieben hat. Andreottis Name tauchte auf, als es in den 50er Jahren Bankskandale gab und als es zu Unregelmäßigkeiten bei der Auftragsvergabe für den römischen Flughafen Fiumicino kam. Er fehlte nicht, als in den 60er Jahren potente Rüstungsfirmen für angebliche Leistungen im 2. Weltkrieg weit überhöhte Entschädigungen ausbezahlt bekamen. Und Andreotti war mit von der Partie, als in den 70er Jahren an den Beschlüssen von NATO und EG vorbei Unmengen von Waffen an Libyen verschoben wurden. Er wird in Zusammenhang mit der kriminellen Geheimloge »Propaganda 2« genannt und in Verbindung mit dem betrügerisch pleite gegangenen Bankier Sindona; und eine mehr als zwielichtige Rolle bescheinigt ihm sogar ein Großteil seiner Politikerkollegen während der Entführung (und späteren Ermordung) des christdemokratischen Parteipräsidenten Aldo Moro durch die Roten Brigaden im Jahr 1978.

Derzeit braut sich wieder ein Unwetter über ihm zusammen, weil ihn Nando dalla Chiesa, Sohn des 1982 angeblich von der Mafia ermordeten Polizeipräfekten Carlo Alberto dalla Chiesa, in einem neuen Buch schwer belastet.

Dennoch: so zutreffend manche Anklagen gegenüber Andreotti sein mögen und so sehr sich Italien (und mittlerweile auch das Ausland) angewöhnt hat, die meisten Korruptionsfälle auf den christdemokratischen Top-Politiker und sein Ambiente zu zentrieren, allzu leicht lenken solche Urteile von dem viel weiter verzweigten und teilweise wirkungsvoll verdeckten Geflecht scheinbar undurchdringlicher politischer und machtintriganter Querverbindungen ab, durch die Italiens Gesellschaft seit Jahrzehnten dirigiert wird. Selbst wenn man im Auge behält, daß auch viele andere Spitzenpolitiker fast aller bürgerlichen Parteien bösen Verdächtigungen unterliegen - vom Sozialisten Craxi (mögliche Verwicklung in Waffenschmuggel) über den sozialdemokratischen Parteichef Pietro Longo (Mitgliedschaft in der Loge »Propaganda 2«) bis zum christdemokratischen Parteipräsidenten Flaminio Piccoli (der Empfehlungsschreiben für Abenteurer und mafianahe Spekulanten gegeben hat) -, so stellt dies alles nur die Spitze eines Eisberges von Verklammerung und gegenseitiger Kumpanei, okkulter Beeinflussung angeblich demokratischer Prozesse und teilweise tödlicher Manipulationen durch Kreise und Institutionen dar, die weitgehend im Verborgenen agieren, aber dies aufgrund ihrer Verbindung mit höchst »ehrenwerten« Personen, und manchmal gar auf deren Auftrag hin, bewerkstelligen. Erst allmählich kommt etwas Licht in dieses finstere »gioco di potere« (Machtspiel), vorwiegend durch die Arbeit einiger (weniger) unerschrockener Parlamentarier, Richter und Journalisten.

Daß es so schwierig ist, den Filz der italienischen Machtträger auszuleuchten, hat einen Grund, der auf den ersten Blick eher das Gegenteil, nämlich leichte Durchschaubarkeit, nahezulegen scheint. Verfolgt man die Geschichte Italiens seit dem 2. Weltkrieg, so stößt man - Todesfälle ausgeklammert - seit Jahrzehnten immer wieder auf dieselben Namen, dieselben Familien, dieselben Institutionen, die die Macht in Händen halten - oft genug vorbei an den demokratisch gewählten Einrichtungen, mitunter völlig gegen diese gerichtet und häufig unter Instrumentalisierung der verfassungsmäßigen Strukturen und der gewählten Vertreter. Als sich der Publizist Giorgio Galli 1982 daranmachte, eine Chronik der italienischen Nachkriegsskandale zu schreiben (»L'Italia sotteranea«), da brauchte er am Ende nur eine Liste von ca. zweihundert Namen, die aber, jeweils, umso häufiger. In der Regel waren es Personen, die in den oberen Etagen von Politik, Wirtschaft und Kultur zu finden sind.

Aber man braucht zunächst noch gar nicht ins »Soutterain« hinabzusteigen, um zu erkennen, wie wenige Personen Italiens Nachkriegspolitik bestimmt haben. Zwar wird gern die Rekordzahl von 43 Regierungen seit 1945 belächelt. Aber was heißt das schon, wenn man bedenkt, daß eine lange Reihe von Regierungen immer wieder durch dieselben Politiker geleitet wurde. De Gasperi z. B. brachte es auf insgesamt acht, Amintore Fanfani auf sechs, Aldo Moro auf fünf, und sogar der immer wieder »gefallene« Andreotti war schon dreimal »presidente del consiglio«. Und keineswegs haben die dreiundvierzig Regierungen (bei jeweils zwischen achtzehn und dreißig Ministerämtern) die mögliche Anzahl von gut eintausend *verschiedenen* Ministern verzeichnet. In Wahrheit waren es nur um die zweihundert Personen, die sich reihum die Sessel zuwiesen; ein Verbrauch, der nicht viel höher liegt als in der »stabilen« Bundesrepublik Deutschland.

Auch in den meisten anderen Bereichen, die traditionell als Machtfaktoren eingeschätzt werden und in denen - legitim oder nicht - politisches Handeln beschlossen wird, lassen sich in Italien die bestimmenden Personen und Gruppen, wenn schon nicht an einer Hand, so doch in der Größenordnung von allenfalls einigen Dutzend abzählen - bei den Bankiers, den Industriellen, im Medienbereich, bei den Verbänden. Klassisch hierfür die Familien Agnelli (FIAT) und Mondadori (Medienimperium). Reihum besetzen die verschiedenen Mitglieder der FIAT-Familie hohe Ämter beim Industrie- oder Arbeitgeberverband, dazwischen rücken sie auch als Abgeordnete in das Parlament ein. Bei Mondadori verläuft die Herrschaftskontrolle (wenn schon nicht -ausübung) ähnlich: immer ist einer der Gebrüder an hervorragender Stelle in den Verbänden und Ausschüssen zu finden.

Angesichts derart überschaubarer Quantität müßte es, nach landläufiger Vorstellung, recht einfach sein, das Machtgeflecht zu durchschauen. Gerade das aber ist nicht der Fall. Die Topographie der italienischen Macht ist, in einem für westliche Verhältnisse geradezu einmaligen Maß, dem Blick entzogen.

Der wichtigste Grund dafür ist, daß das italienische Machtsystem in extremer Weise einer geschlossenen Veranstaltung ähnelt. Entscheidungen werden durch die Angehörigen einer weithin abgeschotteten Kaste (eben des »Palazzo«) gefällt, die zwar der Öffentlichkeit überwiegend bekannt sind, aber meist nur als fotografiertes Gesicht und als Eigenname, als Maske. Die genaue Position und der konkrete Einfluß bleiben weithin verborgen, und dies selbst, wenn man, wie bei Politikern und bei Bankiers, theoretisch eine genaue Position und klar umrissene Befugnisse angeben zu können meint. Nur selten taucht aus dem unentwegten Verwirrspiel ein Name auf, dessen Inhaber auf geheimnisvollen Wegen und unlegitimiert große Macht ausgeübt hat. So wurden die Gründe für die Berufung weitgehend unbekannter und auch unfähiger Politiker in hohe Ämter (etwa Bernardo Matarellas in das Transport- und Attilio Ruffinis in das Verteidigungs- und später Außenministerium) erst Jahrzehnte später erklärlich, als die Antimafia-Kommission enge Verbindungen zu den sizilianischen »padroni«, den Paten des organisierten Verbrechens, erkannte. Mitunter wurde auch erst durch handfeste Skandale bekannt, welch brisante Rolle scheinbar zweitrangige Personen oder Mitläufer des »Palazzo« in Wirklichkeit spielen. Mitte der siebziger Jahre z. B. stellte sich heraus, daß der ewig freundlich dreinblickende und bis dahin allenfalls in Finanzkreisen als erfolgreicher Bankier bekannte Michele Sindona in Wirklichkeit halb Italien beherrscht hatte: durch Spenden und Kredite für nahezu alle politischen Parteien, durch Finanzierungen privater Geschäfte von Potentaten, durch eine enge Liaison mit den amerikanischen und sizilianischen Mafia-Linien und durch ständige Verbindungen und Freundschaften mit den wichtigsten Männern des Vatikan (insbesondere dem Chef der Papst-Bank IOR, Erzbischof Marcinkus). Auch ein anderer Bankier erwies sich als Drahtzieher in vielen politischen, finanziellen und sogar kulturellen Skandalen: der schüchtern auftretende Chef der erzkatholischen Mailänder Banco Ambrosiano, Roberto Calvi. Wie sich nach seinem Tod - er wurde erhängt unter einer Themsebrücke in London aufgefunden - herausstellte, hatte er Gelder in Milliarden-Dollar-Höhe aus Italien weggeschafft und für allerlei Dunkelmänner und auch »ehrenwerte« Politiker im Ausland angelegt. So nebenbei hatte er, durch geschickte Manipulationen, auch noch die größte Mediengruppe Italiens, Rizzoli (die die größte Tageszeitung, den »Corriere della sera« herausbringt), in seine Hand gebracht, zusammen mit dem Vatikan, der auch daran teilhaben wollte, wenn es um Beeinflussung der Öffentlichkeit, aber auch um illegalen Geldtransfer geht. Ein bescheiden und eher wie ein Höfling aussehender Matratzenfabrikant aus Arezzo, namens Licio Gelli, war den Italienern in den siebziger Jahren allenfalls durch seine sprichwörtliche Präsenz bei feierlichen Anlässen (einschließlich der Amtseinführung amerikanischer Präsidenten) aufgefallen, bis eine Hausdurchsuchung 1981 ergab, daß Gelli der Logenmeister des Geheimbundes »Propaganda 2« war, und daß in Wirklichkeit er die Fäden zog und nicht die Politiker, hinter denen er in der Öffentlichkeit herschlurfte.

Die Geschlossenheit des Machtsystems in Italien beruht auf dieser für die Öffentlichkeit undurchschaubaren Struktur, wie umgekehrt die Undurchschaubarkeit durch die Geschlossenheit in gewisser Weise garantiert wird. Nur selten kommt es zu Neuzugängen im »Palazzo« - so, als Anfang der sechziger Jahre erstmals Sozialisten in die Regierung einrückten. Da die PSI aber im Grunde nur eine kleine Partei ist (um die 10 Prozent Wählerstimmen), war denn auch die Gefahr eines massiveren Stühlewechsels nur gering. Noch seltener kommt es zu einem echten Ausstoßen eines »Palazzo«-Mitglieds. Es kann (vorübergehend) kaltgestellt oder aufs Abschiebegleis rangiert werden, aber die völlige Eliminierung kommt fast nie vor. Wenn aber doch, dann möglicherweise mit allen Konsequenzen - bis hin zur physischen Liquidierung. Einer der wenigen aktenkundigen Fälle dieser Art war wohl der Mord an Aldo Moro.

Moro hatte gegen mehrere Grundregeln des »gioco di potere« verstoßen. Er hatte sich weder am Ämterschacher beteiligt, noch persönliche Vorteile aus seinen verschiedenen Ämtern zu ziehen versucht; hatte weder auf Empfängen antichambriert, noch sich in einflußreiche Logengeschäfte verstrickt. Und er hatte eine deutliche Öffnung des »Palazzo« betrieben - seit Mitte der siebziger Jahre nach links, hin zu den Kommunisten, die ja, inzwischen zu einer rein sozialdemokratischen Reformpartei geworden, immerhin mehr als ein Drittel aller Wählerstimmen repräsentierten. Die Quittung des »Palazzo«: kaum hatten die Roten Brigaden (nach Meinung vieler Kommentatoren unter »externer« Leitung) am 16. März 1978 Moro entführt, schloß das Machtkartell seine Reihen. Im Gegensatz zu allen früheren und allen späteren Entführungsfällen wurde nicht verhandelt, Moro dem sicheren Tod überantwortet (55 Tage danach wurde er erschossen). Bezeichnend für die Funktionsfähigkeit des »gioco di potere«: auch die Kommunisten waren für unbeugsame Härte (»fermezza«), standen sie doch unmittelbar vor dem Eintritt in die Regierungsmehrheit und wollten sich nicht nachsagen lassen, sie wären nicht »staatstragend«. Der »Palazzo« als Identifikation des Staates.

Immerhin ergibt sich nach den Enthüllungen und den Parlaments- und Gerichtsuntersuchungen der letzten Jahre (trotz vieler bewußter Auslassungen und Verfälschungen) eine zumindest umrißhafte Darstellung der Machtstrukturen. Zweckmäßigerweise - und zur besseren Abhebung von anderen Machtsystemen - unterscheidet man dabei den sozusagen institutionell legitimierten Bereich (der jedoch im konkreten Fall überwiegend außerhalb seiner verfassungsmäßigen Legitimation Einfluß übt) und die von Anbeginn illegalen, oft kriminellen Bestimmungsfaktoren.

Zum institutionell legitimierten Bereich gehören, formal, die gesamte Administration Verwaltung, Rechtspflege, Polizei etc. -, dazu teilautonome Strukturen wie das Militär und die Geheimdienste. »Nach der Verfassung«, so der Staatsrechtsprofessor und unabhängige Abgeordnete Stefano Rodotà, »haben sie alle dienende Funktion, sind ausschließlich an ihren gesetzlichen Auftrag gebunden und müssen von der Judikative und von den gewählten Volksvertretern kontrolliert werden.« »In Wirklichkeit aber«, meint Rodotà weiter, »haben viele dieser Institutionen ein Eigenleben begonnen, betreiben ihre eigene Politik - neben der legitimen Gewaltausübung, und oft gegen sie.« Und die Präsidentin der Kommission zur Aufhellung der »Propaganda 2«-Affäre, Tina Anselmi (DC), bemerkt dazu, »daß unser Staat und seine sensibelsten Organe längst durchsetzt sind von allen möglichen nichtlegitimierten Entscheidungsträgern«.

Das wahre Problem der italienischen Verwaltung liegt nicht in ihrer gern zitierten Langsamkeit und Korruption, sondern vor allem in der Macht, die sie repräsentiert. Oft genug zwingt die Administration durch gezielte Blockaden die Gesetzgeber zum ständigen Verstoß gegen die eigenen Normen. So bemühen sich seit den sechziger Jahren die Parlamente, das wuchernde illegale Bauwesen zu bekämpfen. Immer neue und schärfere Gesetze werden erlassen - und immer mehr Schwarzbauten entstehen. Derzeit gibt es über zehn Millionen nicht genehmigter Baulichkeiten - und keineswegs nur kleine Eigenheime, sondern oft riesige Industriekomplexe oder feudale Villenanlagen. Der Grund dafür: die Verwaltung wendet bestehende Gesetze einfach nicht an, und von zeit zu Zeit sieht sich der Geschäftsgeber genötigt, mithilfe eines sogenannten »condono« - »Verzeihung« - die illegalen Bauten zu legalisieren, gegen eine geringe Geldstrafe. Nur selten wird wirklicher Widerstand seitens der Parlamentarier sichtbar. Im Oktober 1983 gab es eine rare Ausnahme, als selbst christdemokratische Abgeordnete den neuen »condono«-Plan der Regierung Craxi zu Fall brachten. Es hatte sich herausgestellt, daß er vor allem den reichen Industriellen und den Villenbesitzern zugute kommen sollte. Auch die im Frühjahr 1984 beschlossene Strafrechtsreform, die eine Art Schlußstrich unter den massiven Terrorismus der siebziger Jahre ziehen sollte und geeignet schien, die an den Rand gedrängten Gruppen der ehemaligen Studentenbewegung mit der Gesellschaft zu versöhnen, wird derzeit boykottiert - diesmal von Richtern, die sich schlicht weigern, vorgesehene Hafterleichterungen oder Strafnachlässe zu gewähren, und die andererseits die eindeutig für terroristische Mitläufer gedachten Gesetze nun auf Mafiosi und Camorra-Mitglieder anwenden und diese reihenweise freilassen.

Auch die Polizei hat längst ein wild wachsendes Eigenleben entwickelt, arbeitet mitunter wie ein Geheimdienst und ist im wesentlichen in internen Machtkämpfen zu finden (in Italien gibt es mehr als ein Dutzend polizeilicher oder polizeiähnlicher Formationen). Flankierend dazu steht eine durch und durch politisierte Staatsanwaltschaft, die, je nach Geschmack, auch hochkarätige Mitglieder der Administration oder der Politik unter Verdacht stellen und somit wichtige gesellschaftliche Vorhaben torpedieren kann. So wurden in den letzten Monaten Anklagen gegen die Stadtregierungen in Turin, Neapel, Rom und vielen anderen Städten erhoben - mit dem Erfolg, daß die meisten dieser Rathauskoalitionen platzten. Meist stellte sich später die Haltlosigkeit der Anschuldigungen heraus (in Rom sollte der Bürgermeister z. B. einige Espresso aus der Stadtkasse bezahlt haben), der politische Effekte wurde gleichwohl fast immer erreicht.

Über Einflüsse des Militärs und der Geheimdienste haben insbesondere die jüngst publizierten Erkenntnisse verschiedener Untersuchungsausschüsse allerhand schokkierende Ergebnisse hervorgebracht. Da wurden z. B. ohne irgendwelche Legitimation schon in den sechziger und siebziger Jahren Dossiers über hochrangige Politiker und Staatsrepräsentanten (bis hin zum Präsidenten Saragat) angelegt und zur gefälligen Verwendung auch nach außen weitergegeben. Der Mitte der sechziger Jahre entlassene Geheimdienst-Oberst Giovanni Allavena brachte die wichtigsten Materialien als Einstandsgeschenk in Licio Gellis Loge »Propaganda 2« ein und begründete damit die Macht des »maestro venerabile«. Und da erwies sich die enge Zusammenarbeit putschwilliger Militärs und Politiker (z. B. des 1970 gerade noch vor der Machtergreifung gestoppten Fürsten Valerio Borghese) mit Geheimdienstchefs (in diesem Fall mit dem General Vito Miceli, der dann 1974 entlassen wurde und heute neofaschistischer Abgeordneter ist). Und da zeigte sich, wie wenig die Generäle und Geheimagenten gewillt waren, irgendwelchen offiziellen Weisungen von Politikern oder gar der öffentlichen Politik zu folgen. Vorbei an den lauthals durch NATO und EG verkündeten Verboten von Waffenlieferungen an bestimmte arabische Staaten schleusten italienische Geheimdienstler und Politiker Kriegsgerät in Milliarden-Dollar-Mengen zu Libyens Ghaddafi. Der Deal flog - nachträglich - auf, als 1978 ein Enthüllungsjournalist namens Mino Pecorelli ermordet wurde und die Polizei in seiner Wohnung ein Dossier mit dem Kürzel »M. Fo. Biali« fand. Inhalt: neben einer genauen Aufstellung der gelieferten Waffen und ihrer Preise fanden sich zahlreiche vom Geheimdienst abgehörte Telefongespräche und Berichte über Treffen zwischen hochrangigen Offizieren und Politikern sowie die wörtliche Wiedergabe eines Gesprächs zwischen einem gewissen Mario Foligni (weswegen das Kürzel »Fo.« auftauchte) und einem ehemaligen Agenten mit der Mitteilung, daß die amerikanischen und israelischen Geheimdienste die Gründung einer neuen »Volkspartei« unterstützen würden, die der nach links geöffneten Democrazia christiana Aldo Moros Wählerstimmen wegnehmen und das Land destabilisieren sollte.

Die wohl umfassendsten Aufschlüsse über die Struktur des »Palazzo« lieferte jedoch das 1981 entdeckte Verzeichnis der von Licio Gelli um sich versammelten Mitglieder der Geheimloge »Propaganda 2«. Obwohl es nicht vollständig ist (die Nummern der Mitglieder laufen bis weit über 1500, die Liste enthielt jedoch nur 962 Namen), zeigt es doch, in welch inniger Verklammerung ein Großteil der Mächtigen Italiens lebt. Da fanden sich die Namen von zwei amtierenden Ministern und drei Staatssekretären, der sozialdemokratische Parteichef Pietro Longo war dabei und der Medienzar Rizzoli, die Chefs aller drei Geheimdienste zur Zeit der Moro-Entführung und nahezu der gesamte Generalstab, die Leiter großer Banken und Chefs der staatlichen Geldinstitute, Polizeichefs und Richter, Journalisten und Industrielle.

Das Beben, das die Entdeckung auslöste, machte aber nicht bei den namentlich Genannten halt; alsbald wurden weitere nicht recht durchschaubare Zusammenschlüsse bekannt. Vor allem stellten sich immer mehr Verflechtungen heraus, die rein krimineller Natur waren und mit der üblichen Lobby-Wirtschaft demokratischer Staaten nun schon überhaupt nichts mehr zu tun hatten. Licio Gelli z. B. und ein Teil seiner Mitstreiter haben, nach den Erkenntnissen der P2-Kommission, »bis in die siebziger Jahre hinein engen Kontakt zu den Verantwortlichen für zahlreiche Sprengstoffanschläge des Rechtsterrorismus gepflegt«; danach setzten die Logenbrüder auf die »etablierten« Kräfte, vor allem auf die Rechtsausleger der verschiedenen Parteien, um - so ein Logenprotokoll - dem »Kleriko-Kommunismus der Moro und Zaccagnini Einhalt zu gebieten« (Anspielung auf die Eliminierung des DC-Chefs und eventuell auch seines Generalsekretärs?).

Spuren Gellis finden sich jedenfalls auch bei der Affäre Moro, und die Kommunisten wie Christdemokraten der P2-Kommission sehen, wie es der P2-Kommissar Antonio Bellocchio formuliert, »das Ziel der Loge in der Verhinderung des ‚historischen Kompromisses', einer Zusammenarbeit von Katholiken und Kommunisten, sowie in der Durchführung eines ‚Weißen Staatsstreiches', wobei die Konstitution derart ausgehöhlt werden sollte, daß sie reif für eine autoritäre Präsidialverfassung wird«. Der Minderheitsberichterstatter Massimo Teodori glaubt zwar nicht an den »Staatsstreich, wohl aber an eine gezielte Destabilisierungskampagne, die den schon von der P2 besetzten Strukturen freiere Hand geben und die weitere Verlagerung von Machtbefugnissen in okkulte Entscheidungszentren ermöglichen sollte«.

Das Spektrum, das sich innerhalb der P2 bündelte, erwies sich als sehr breit gestreut. Da waren Geheimdienstler, die sich auf oberster Ebene nicht nur ein internes Austauschsystem geschaffen hatten, sondern auch noch den Kontakt zu den wichtigen Spitzen des Militärs und den Finanziers illegaler Aktionen pflegen konnten. Da waren umgekehrt Militärs, die ihren Machtträumen nur nachhängen konnten, wenn Geheimdienste stillhielten und Geldquellen flossen. Da waren wiederum die Bankiers und Industriellen, die an frühem Wissen um große Aufträge und politische Entwicklungen interessiert waren; und da waren Politiker und Administratoren, die Karriere machen wollten oder Rückendeckung durch Mächtigere suchten. Es entwickelten sich aber auch zahlreiche Querverbindungen nach außen, bis hin zu scheibar weit abgelegenen Stellen. Als 1978/79 der Mafia-Bankier Michele Sindona in den USA wegen Betrugs zu 27 Jahren Zuchthaus verurteilt wurde, nahm sich einer der wichtigsten Mitarbeiter Ronald Reagans, Philip Guarino, höchstpersönlich der Sache an; und plötzlich reisten gar zwei leibhaftige Erzbischöfe (Guerri und Caprio, losgeschickt wohl von IOR-Chef Marcinkus) an, um für den Bankrotteur zu bürgen. Vermittler der Aktion: Logenmeister Gelli.

Voraussetzung für das kontinuierliche Funktionieren des »Palazzo« - unter- wie oberirdisch - ist, daß die Regierungen jeweils nicht an den Grundlagen des Machtkartells rühren, d. h., daß sie weder das Eindringen größerer neuer Gruppen zulassen, noch Mitglieder des »Palazzo« ganz und gar fallen lassen, besonders, wenn diese allzu viel wissen. »Unter diesem Aspekt ist die Achse Andreotti als Außenminister und Craxi als Regierungschef geradezu ideal«, sagt Giuseppe D'Alema, bis 1983 PCI-Abgeordneter, einer der Entdecker der P2-Liste und derzeit wohl der einzige eingefleischte Andreotti-Gegener innerhalb der Kommunistischen Partei (in der dem Christdemokraten, wegen seiner auf Autonomie Italiens zielenden Außenpolitik, trotz seiner Skandale, immer wieder Sympathie zuteil wird.) »Andreotti garantiert, daß das Machtkartell in Schwung bleibt, und Craxi bindet mit seinen paar Prozent gerade so viel Arbeiter- und Wählerstimmen, daß es zum Regieren reicht.«

Ob sich der »Palazzo« die »bewährte« Form der Machterhaltung noch lange wird leisten können, scheint mittlerweile doch etwas unsicher. Denn waschkörbeweise gingen Protestschreiben der »Basis« aller Parteien ein, als sich diese, einschließlich der PCI-Fraktion, im Oktober 1984 wieder einmal geweigert hatten, die besonders korrumpierten Regierungsmitglieder in die Wüste zu schicken. Und die Befragung Andreottis durch D'Alema im Sindona-Ausschuß gehört heute zu den meistgelesenen Parlamentsberichten Italiens.

(1985)

Fremdwort Fremdsprache

Italien polemisiert gegen die mangelnden Sprachkenntnisse seiner Politiker

Alberto Bertuzzi, »Spezialist für unbequeme Umfragen« (wie ihn das Nachrichtenmagazin »Panorama« definiert), hatte es diesmal auf einen besonders wunden Punkt italienischer Politiker abgesehen: »Wie hälst Du, Regierender, es denn mit den Fremdsprechen?« wollte er von den amtierenden Ministern wissen. Mit einem »schlicht niederschmetternden Ergebnis«, wie Bertuzzi alsbald erkannte. Nur zwei der insgesamt 28 Minister (Regierungschef Craxi eingeschlossen) haben drei Fremdsprachen parat, sechs glauben, sich in zwei »wenigstens einigermaßen ausdrücken zu können« (ein Interview in einer Fremdsprache würde sich jedoch keiner aus dieser Gruppe zutrauen), neun haben »Grundkenntnisse« in einer einzigen anderen Sprache, fast alle in Französisch. Deutsch z. B. können nur zwei Minister der Craxi-Regierung, einer davon sozusagen von Amts wegen - er ist Europa-Minister.

»Es ist schon eine Schande«, bemerkt da der italienische Philologenverband, »wir predigen den Kindern von der Elementarschule, daß man ohne Fremdsprachen heute eine Art Krüppel ist, und unsere in der Welt herumreisenden Politiker konterkarieren uns mit ihrem Defizit fast täglich.« Und der Philosoph Massimo Cacciari, bis vor zwei Jahren Parlamentsmitglied uns selbst vielsprachig, wundert sich, warum »ausgerechnet aus jenem Parlament, das so viele Intellektuelle wie kein anderes der westlichen Welt in seinen Reihen hat, ‚Fremdsprache' gleichsam ein Fremdwort geblieben ist«. Tatsächlich hat offenbar die Präsenz von mehr als 150 Professoren, Künstlern, Schriftstellern und Journalisten unter den 600 Abgeordneten und 300 Senatoren zumindest im Fremdsprachensektor nicht durchgeschlagen.

Nun kann man sich natürlich streiten, ob sich Kultur- und Bildungsstand an der Zahl erlernter Fremdsprachen messen lassen. Aber die Abgeordneten und ihre Minister müssen es wohl selbst als Mangel empfunden haben, daß sie selbst bei einfachen Fragen auf Dolmetscher angewiesen sind. So wurden vor drei Jahren im Parlament Kurse eingerichtet - in Englisch, Deutsch, Französisch, Russisch, Japanisch. »Aber das schlief bald wieder ein«, erinnert sich einer der Dozenten, »zugkräftig wurde es erst, als die Europäische Gemeinschaft Seminare einrichtete - im fernen Nordirland. Da verbinden Politiker Sprachelernen mit Auslandsfahrten. Derzeit nimmt eine ganze Schar Parlamentarier aller Parteien an den Intensiv-Schulungen in Londonderry teil.«

Ziel sei, so Kammerpräsidentin Nilde Jotti (die selbst perfekt Englisch spricht), »wenigstens die gröbsten Blamagen zu vermeiden, wenn unsere Repräsentanten sich im In- wie Ausland artikulieren oder mal einen nichtitalienischen Begriff verwenden müssen«. Unvergessen ist für viele, wie der Abgeordnete Covelli einst in Polemik mit den Franzosen stets von De Gaulles »Force de frappè« sprach oder wie der - immerhin kommunistische - Vordenker Aldo Tortorella die früher unter Genossen gern gebrauchte Formel »Do svidania, tovaric« (Auf Wiedersehen, Genosse) für einen Mundartausdruck aus der Emilia Romagna hielt. Unvergessen ist auch, wie Staatsminister Sullo es sich nicht nehmen ließ, in Stockholm Französisch zu sprechen - derart verballhornt, daß ihn niemand verstand. Größter Reinfall: Staatspräsident Giovanni Leone 1976 vor der UNO. Der sprach selbst das Italienisch so napolitanisch aus und verquerte jedes Fremdwort so massiv, daß nicht ein einziger Dolmetscher imstande war, die Rede zu übersetzen.

(1986)

Der Meridionalismus - Italiens ungelöste Frage

Auf den Landkarten ist der Sinni noch immer als Fluß eingezeichnet; ein respektables Bett von gut zweihundert Metern Breite hat er sich bei seiner Annäherung an das Jonische Meer in der italienischen »Stiefel«-Sohle geschaffen. Doch wer ihm auf seinen hundert Kilometern Länge von den Höhen des mächtigen Monte Sirino in der Region Basilicata begegnen möchte, trifft ihn längst nicht mehr an. Sein Wasser strömt unsichtbar in einer riesigen Rohrleitung von mehr als zwei Metern Durchmesser, parallel zum einstigen Ufer. Und wenn nicht ab und zu aus einer undichten Stelle Wasser heraustropfen würde, hielte man das ganze wohl eher für eine riesige Öl-Pipeline. »Sehen Sie nur, was sie mit unserem Fluß gemacht haben«, klagt Giovanni Teardo, den wir beim Fotografieren kennenlernen. Giovanni ist 68 Jahre alt, Bauer aus Rotondella, und er kann sich noch sehr gut erinnern, »wie die damals kamen und sagten, sie wollten die Sümpfe dort unten am Meer trockenlegen, die Malaria ausrotten und neues Ackerland schaffen. Die Sümpfe sind weg, die Stechmücken auch. Aber das Wasser auch. Sie haben es nach Apulien und Calabrien geleitet. ,Wasser für den Süden' hieß das. Und meine Äcker sind vertrocknet, die Weinstöcke dürr. Für das Wasser, das ich vorher im Überfluß hatte, muß ich jetzt bezahlen.«
Giovannis jüngster Sohn, 25, fährt jeden Tag zur Arbeit nach Taranto, in eine der vielen Raffinierien. Mehr als drei Stunden gehen täglich für Hin- und Rückfahrt drauf, zusätzlich zu den acht oder neun Stunden Plackerei im rußigsten Industrieviertel einer der schmutzigsten Städte Italiens. »Andere Arbeit gibt es nicht«, sagt Giovanni, »meine drei älteren Söhne sind ohne Stellung. Und der Jüngste hat seinen Posten auch nur, weil ich ihn schon ganz früh, mit dreizehn, dorthin gebracht habe, noch bevor er mit der Schule fertig war. Da kriegte er noch wenig Lohn, und darum haben sie ihn genommen. Ein Glück.«
An weitere Schulbildung war da natürlich nicht zu denken. »Wozu auch?« fragt Giovanni, »daß sie studieren, einen Haufen Geld kosten und dann genauso arbeitslos sind? Oder, wie die meisten Studierten hier, ihre Sachen packen und in den Norden gehen - und nach fünf Jahren zurückkommen, immer noch ohne Geld, aber nun auch noch ohne Verbindungen hier im Dorf?«
Giovanni macht uns mit einem seiner Vettern bekannt. Der war bis vor einigen Jahren Bürgermeister, lebt jetzt in Nova Sirri, nahe der einstigen Sinni-Mündung. Er hat vor dreißig Jahren ein Grundstück vom trockengelegten Land bei Metaponto, einige Kilometer nördlich, erworben, und seit es hier etwas Badetourismus gibt betreibt er ein kleines Hotel. Viel wirft es nicht ab, aber es geht, sagt er. In der Basilicata werden selbst die Politiker nicht reich. »Viele von uns sind in den fünfziger und sechziger Jahren ins Ausland gegangen«, berichtet er, »manch einer ist mit einem Bündel Geld wieder zurückgekommen. Aber auch so einer hat es schwer. Die wenige Arbeit ist hier längst aufgeteilt, also muß er sich selbständig machen. Aber wer kauft bei ihm? Alle haben ihre Verwandten oder Bekannten, mit denen sie Geschäfte machen. Und viele, die zurückkommen, haben inzwischen eine ganz andere Kultur als wir hier.«
Die Basilicata gehört zu den ärmsten Regionen Italiens, auch dem benachbarten Calabrien geht es nicht viel besser. Aus dem gesamten »Mezzogiorno« - den Zonen südlich einer Linie etwa von Rom bis zum Gargano-Gebirge, dem »Stiefel«-Sporn - hat es lediglich Apulien, die langgestreckte Provinz entlang der Adria, zu gewissem

Wohlstand gebracht. »Wenn Sie die Statistiken betrachten«, sagt der Historiker Giuseppe Galasso aus Neapel, derzeit Staatssekretär im Ministerium für die Güter der Kultur und der Umwelt, »und eine Rangliste unter den 94 Provinzen unseres Landes aufstellen, so besetzen die nördlichen Gebiete fast überall die ersten 50, 52 Plätze, und die restlichen 40, 42 bleiben für den Süden.«

Tatsächlich hat der Mezzogiorno die schlechteste Wirtschaftsstruktur, die rückständigste sanitäre und medizinische Versorgung, die wenigsten weiterbildenden Schulen, die wenigsten Studenten und die kleinsten Fonds für die Instandhaltung und Präsentation der Kulturgüter. »Und was wir an Schönem haben, schleppen sie schnell fort«, schimpft der Kulturassessor der Region Calabrien, »was glauben Sie, wie hart der Kampf war, bis wir die ,Bronzi di Riace' hierbehalten konnten!« Die »Bronzi«, zwei mannshohe, mittlerweile weltberühmte Figuren aus der Zeit der griechischen Klassik, wurden 1972 von einem Sporttaucher vor der Küste des südcalabrischen Städtchens Riace gefunden, und sogleich begann der Streit, wer sie »haben« bzw. welches Museum sie sich einverleiben dürfe. Bezeichnenderweise spielte sich die Auseinandersetzung zunächst ausschließlich zwischen Rom und Florenz ab. Die Hauptstadt erklärte ihren Anspruch, alles Kulturgut von »höchster Bedeutung« bei sich aufzustellen; Florenz reklamierte für sich die besten Restaurationswerkstätten und daher den Verbleib der Beute. Erst Mitte der siebziger Jahre konnten sich die Calabresen, bei denen die Bronzen doch gefunden worden waren, in den Kampf einschalten. Aber erst Anfang der achtziger Jahre entschied sich endgültig, daß die »Bronzi« in ein eigenes Museum in Reggio di Calabria kommen würden - freilich erst, nachdem sie ausgiebig in Florenz und danach in Rom ausgestellt worden waren.

Die schließliche Nachgiebigkeit des Nordens in Sachen »Bronzi« hatte freilich noch andere Gründe als die »Einsicht« in die Berechtigung calabresischer Forderungen. Zu gut hatte man noch in Erinnerung, wie es in Reggio di Calabria Anfang der siebziger Jahre zu monatelangen Straßenschlachten mit der Polizei gekommen war, als Rom in einer Art Nacht- und Nebelaktion die gesamte Verwaltung der Region nach Catanzaro vergeben hatte. Reggio, schon oft durch Erdbeben geschädigt (1908 z. B. war fast die gesamte Stadt zusammengestürzt), empfand dies als zusätzliche Herabminderung seines Wertes. »Wenn ihr denen die ,Bronzi' wegnehmt«, erklärte 1978 der eben gewählte Staatspräsident Pertini dem Regierungschef Andreotti, »geht das mit dem Meridionalismus wieder von vorne los.«

Meridionalismus - italienische Chiffre für all die unerledigten Fragen des Südens. Eine unklare Chiffre freilich, die positiv wie negativ gebraucht wird. Meridionalismus bedeutet das Eintreten für »sachgerechte« Lösungen des Südens ebenso wie übersteigerte Forderungen aus dem Süden. Meridionalismus wird klagend verwendet, wenn es wieder einmal um mangelnde Sensibilität des Nordens gegenüber dem Süden geht, und tadelnd, wenn Parlamentarier aus dem »Mezzogiorno« zum tausendsten Mal Anträge für zusätzliche Hilfsgelder einbringen, wo der Staat doch sowieso an allen Ecken und Enden sparen muß. Meridionalismus steht für Unterentwicklung schlechthin - und für den Verdacht, diese Unterentwicklung lediglich zum leistungslosen Absahnen staatlicher Sonderfonds zu benutzen.

Dabei sprechen, jedenfalls wirtschaftlich, die Fakten eine recht eindeutige Sprache. Obwohl im Süden Italiens nur etwa ein Drittel der Gesamtbevölkerung lebt, sind hier fast 50 Prozent aller iatlienischen Arbeitslosen registriert (1.400000 von 3.070000); die Arbeitslosenquote beträgt im Mezzogiorno 14 Prozent gegenüber 7,5 Prozent in

den Regionen von Rom nordwärts. Der Trend zur Auseinanderentwicklung der beiden Landesteile hat sich dabei in den letzten Jahren noch verstärkt. So blieb z. B. die Quote der industriellen Beschäftigung zwischen 1970 und 1980 im Norden stabil, im Süden stattdessen fiel sie von 30,7 auf 27,2 Prozent. Das wäre zu verschmerzen, ließe sich gleichzeitig z. B. eine Zunahme der Beschäftigung im Agrarsektor nachweisen, aber das Gegenteil ist der Fall. Im selben Zeitraum sank die Tätigkeit im landwirtschaftlichen Bereich im Süden von 30 auf 23,4 Prozent, während sie im Norden lediglich um knappe vier Prozent abnahm (von 13 auf 9,4 Prozent). Überdurchschnittliche Zunahme meldet im Mezzogiorno stattdessen der Dienstleistungssektor (also Beamte, Infrastruktureinrichtungen, Versorgungsbetriebe, Fremdenverkehr), der sich von 39,2 auf 49,4 Prozent hochgehangelt hat, vor allem durch eine massive Zunahme staatlicher, regionaler und städtischer Posten; erstaunlicherweise aber zeigt sich faktisch in keinem öffentlichen Amt eine verbesserte Effizienz der Verwaltung. Der Soziologe Francesco Arcà vermutet daher wohl nicht zu Unrecht, daß die Stellenvermehrung »vor allem der politischen Klientel der geldverwaltenden Ober-Bürokraten zugute kommt, für die Bevölkerung aber völlig bedeutungslos ist«.
Ähnliche Gefälle auch bei der Frauenarbeit: während im Norden immerhin 26 von hundert Frauen ein Arbeitsverhältnis nachweisen, sind es im Süden nur 17. Wobei man freilich dazusagen muß, daß viele Frauen im Mezzogiorno sich nicht arbeitslos melden, wenn sie ihren Posten verlieren; sie kehren klaglos ins Haus zurück und werden fortan als »casalinga«, als Hausfrau, und somit nicht mehr als Arbeitskraft geführt. 1981 brachten es die Süd-Statistiker auf diese Weise fertig, 79 von hundert Frauen aus den Regionen Calabrien, Campania, Basilicata, Apulien und Sizilien als »Nicht-Arbeitskräfte« einzustufen.
Auch die Investitionen im Süden sind in einem Dauer-Fallen begriffen. Obwohl die »Cassa per il Mezzogiorno« mehr als 30 Jahre lang immense Gelder in den Süden gepumpt hat (nach heutigem Wert mehr als umgerechnet 240 Milliarden DM), fiel seit 1975 die Quote industrieller Investitionen um über 25 Prozent (im Norden nahm sie um 17,8 Prozent zu) - Konsequenz »einer völlig verfehlten Förderungspolitik«, wie Giuseppe Galasso anmerkt, » die ohne Rücksicht auf gewachsene Kulturen und Strukturen das nördliche Industriemodell künstlich auf den ganz anders gelagerten Süden aufzupfropfen versucht und gar nicht gefragt hat, ob die Anlagen denn nach der einleitenden, vom Staat unterstützten Phase auch noch weiter lebensfähig sind«.
So stehen heute in Calabrien und der Basilicata, in Sizilien und auch schon nahe Neapel, in der Campania, Fabrikungetüme, die längst wieder verfallen. Weite Gebiet sind zwar auf Dauer durch irreversible Eingriffe in die Natur zerstört, aber den Menschen hat es, nach Jahren der Hoffnung, nur noch mehr Resignation gebracht. Auch von daher erhält der Meridionalismus immer wieder neue Nahrung, wohl noch lange.
Aber es sind nicht nur die ökonomischen Faktoren, die den Gegensatz zum Norden so gravierend machen. Es ist auch die Auseinandersetzung recht verschiedener Kulturen.
Es gibt in Europa kaum eine andere Zone, die derart langanhaltend, durchgehend und wirkungsvoll eine zentrale, oft sogar entscheidende Rolle in der Geschichte des »alten Kontinents« gespielt hat wie Unteritalien und Sizilien. Von der Besetzung des »Stiefel«-Unterteils und Siziliens durch Griechen, Phönizier und Karthager bis

zur alliierten Invasion im Zweiten Weltkrieg, von der Schlacht bei Cannae bis zur Stationierung der Marschflugkörper im sizilianischen Comiso müßte noch »jede in Europa operierende Weltmacht der strategischen Bedeutung dieser Gegend Rechnung tragen « (so Verteidigungsminister Spadolini in der Parlamentsdebatte um die Aufstellung der »Cruise missiles«). Nach der Flotten-Niederlage vor Cumae (bei Neapel) verloren im 4. Jahrhundert v. u. Z. die Etrusker ihre Vormachtstellung in Italien. Von Unteritalien war später die Ernährung der römischen Weltmacht in einem Maß abhängig, daß die Besetzung dieser Zonen durch die Sklavenheere des Spartacus die einzige wirkliche Bedrohung des Reichs in republikanischer Zeit darstellte. Vom Süden her suchten im 12. und 13. Jahrhundert, erstmals seit dem Kollaps des Imperiums, Normannen und Staufer (vor allem Friedrich II.) eine Wiedererweckung der Einheit, indem sie mit modernen Administrationsformen experimentierten. Vom »Stiefel«-Absatz her wurden 1799 die eingerückten Franzosen Napoleons durch die Briganten-Haufen Fra Diavolos und die Volksheere des Kardinals Ruffo wieder hinausgeworfen; von Sizilien und der »Stiefel«-Spitze aus einigte Garibaldi in den sechziger Jahren des vorigen Jahrhunderts Italien.

Doch die privilegierte geopolitische Lage hat »mitnichten bewirkt, daß sich diese Zonen zu mächtigen, unabhängigen Einheiten entwickelten«, wie sich der Historiker M. I. Finley wundert. Im Gegenteil: der gesamte Verlauf der Geschichte Unteritaliens und Siziliens ist eine unablässige Folge von Besetzungen, Herrschaftsabtretungen und kurze, bald wieder zusammengebrochene Aufstandsversuche des Volkes. Nach den Phöniziern, den Griechen und den Karthagern kamen die Römer, später die Vandalen, Goten, Byzantiner, Araber, Normannen, Staufer, Anjou, Aragonen, Österreicher, Bourbonen, Savoyer. Selbst die heutige Republik wird von vielen »Meridionalisten« als eine Art Besetzung empfunden, in der die reichen Lombarden und Piemontesen regieren und der Süden zur Ausbeutung freigegeben ist. Solche Fiktionen werden sogar noch aufrecht erhalten, wenn sie sich nachweislich widerlegen lassen. So kann man z. B. leicht zeigen, daß seit der Reichseinigung Sizilien an zweiter Stelle steht, was die Anzahl in Rom regierender Ministerpräsidenten und Ressortchefs angeht (noch weit vor Rom oder der Toskana); bedeutende Politiker, wie etwa der mehrmalige Ministerpräsident Aldo Moro, kommen aus dem »Mezzogiorno«. Für viele Apulier oder Calabresen und sintemalen Sizilianer sind jedoch auch ihre hausgemachten Politiker sofort »die da oben«, sobald sie einmal in Rom residieren; sie gehören von da an zur Ausbeuterklasse, und die kommt eben aus dem Norden.

Von den südlichen Regionen hat bisher nur Sizilien eine gewisse Autonomie erzwungen - seit dem Zweiten Weltkrieg. Durch inszenierte Scheinaufstände (bei denen alte Großgrundbesitzer, Mafiosi und Banditen zusammen geholfen haben) wurde den Nachkriegsregierungen enorme Zugeständnisse abgerungen, freilich weniger auf kulturellem Gebiet (was man doch bei einem Autonomie-Statut erwarten würde) als vor allem auf polizeilichem und finanzhoheitlichem Gebiet. Ein eigener Ministerpräsident regiert die Insel, ist Oberaufseher über sämtliche (auch die von Rom entsandten) Ordnungskräfte und zuständig für die Bankenaufsicht - ein Segen für die Mafia, wie sich erwies. Anders als alle anderen Regionalchefs, darf der von Sizilien sich unaufgefordert in Rom an den Kabinettstisch setzen, wenn »sizilianische Belange berührt werden«. Und das ist, nach Meinung vieler Insel-Potentaten, fast immer der Fall, ob es sich dabei um die Reform der Oberschule handelt oder um die Verabschiedung des Staatshaushalts. Manche Regierungschefs in Rom haben alle Hände voll zu tun, die ungebetenen Abgesandten der Insel von allzu neugierigen Blicken in die Agenda der Regierung abzuhalten - insbesondere wenn es darum geht, dem auswuchernden Filz mit der organisierten Kriminalität Einhalt zu gebieten, wo sich nicht selten der Regional-Ministerpräsident als Hemmschuh oder gar als Verbündeter der Mafia erwiesen hat.

Daß Rom Sizilien in ungleich weiterem Maß entgegen kommt als den anderen Südregionen, wird oft mit der uralten Angst der Festlandsherrscher vor den unberechenbaren Insulanern jenseits der Meerenge von Messina begründet. Schließlich, so die Argumentation, haben schon im Altertum die allerersten Sklavenaufstände im 2. Jahrhundert v. u. Z. dort langwährende Gegenregierungen hervorgebracht. Aus dem Mittelalter ist auch die »sizilianische Vesper« von 1282 in unguter Erinnerung, als die Palermitaner der Herrschaft der Anjou ein blutiges Ende bereiteten. Und die Bereitschaft, mit der die Inselbevölkerung die tausend Mann Garibaldis zu einem Volksheer anschwellen ließ, das mühelos die Bourbonen verscheuchte, bewirkt in Rom auch nicht nur Einigungsgefühle, sondern eher Beklemmung.

Erstaunlich jedoch, daß nur Sizilien in solchen Ruf geraten ist und solche »Unheimlichkeit« in politische Münze umzusetzen vermocht hat, denn analoge »furchterregende« Erscheinungen gab es auch in Unteritalien, mitunter noch heftigere. Sklavenaufstände lassen sich südlich von Rom an vielen Orten nachweisen, in Sezze, Circeo oder Minturnae z. B.; Spartacus startete von Capua aus und blieb durchweg auf dem Festland. Banditen und Freibeutergruppen heizten schon den Bourbonen mächtig ein, um sich, nach deren Vertreibung durch die Franzosen, auf Seite der Feudalherrscher zu stellen und die ausgerufene Republik wieder abzuschaffen. Und nach der Reichseinigung 1861 waren gerade in der Basilicata und in Calabrien die Brigantengruppen um Carmine Crocco und Ninco Nanco unterwegs, die zeitweise mehrere Divisionen der regulären Streitkräfte und starke Polizeieinheiten banden oder zu Paaren trieben. Dennoch: mit Ausnahme einer kurzen Periode vom 8. bis 11. Jahrhundert, wo Neapel als Herzogtum eine gewisse regionale Unabhängigkeit erreichte, wurde die Aufmüpfigkeit des festländischen Südens niemals zum Aufbau einer politischen und administrativen Identität genutzt.

Sicherlich liegt viel darin begründet, daß sich Sizilien als Insel - nach außen hin - homogener präsentieren konnte und kann als die leicht gegeneinander ausspielbaren Regionen des festländischen Mezzogiorno.

Apulien z. B. sieht sich heute als industriell am weitesten fortgeschrittene Zone des Südens, als eine Art »Lombardei des Mezzogiorno«. Fabrikstädte wie das einst idyllisch-verschlafene Taranto behaupten sogar, die Trust-Barone des Nordens schielten neidisch auf die hiesigen Bilanzen. In Bari hat sich eine Mittel- und Oberschicht aus Beamten, Politikern und Managern etabliert, die sich nicht nur selbstbewußt mit der römischen oder florentinischen mißt, sondern die alljährliche »Fiera del Levante« bereits »in direkter Konkurrenz zu den Mailänder Messen« sieht (so ein Pressetext). Die »Pugliesi«, und seien sie noch so arm oder durch die Industrie in ihrer Existenz gefährdet, blicken mit deutlicher Verachtung auf die »Calabresi«, die es insgesamt zu nichts gebracht haben, denen seit dem Krieg mehr als 400000 Einwohner (von insgesamt zwei Millionen) durch Emigration abhanden gekommen sind, und die allenfalls durch das Vordringen der Mafia von sich reden machen. Die Calabresen wiederum, die seit dem Zusammenbruch der staatlich angekurbelten Industrie wenigstens noch einen gewissen Aufschwung des küstennahen Tourismus verzeichnen können, sprechen ihrerseits nicht selten mit penetrantem Mitleid von den »Lucani« (die Basilicata hieß früher, nach den Ureinwohnern, Lucanien), die überhaupt nichts vorzuweisen haben - außer zahlreichen Erdbeben. Die römische Regierung tut sich zwar heute mit Statistiken hervor und rechnet nach, wieviele tausend Straßen- und Eisenbahnkilometer sie gerade in der Basilicata gebaut hat, aber es sind fast ausnahmslos Schnell- und Durchgangsstraßen, die vorwiegend die großen Zentren Apuliens an Rom und den Norden Italiens anbinden. »Wer nach Potenza, in die Regionalhauptstadt der Basilicata, versetzt wird«, sagt uns der Stadtrat Carmine De Angelis, »der empfindet das allemal als Strafe. Nirgendwo in Italien finden Sie so viele Leute, die irgendwie auf gepackten Klamotten sitzen und wieder weg wollen. Und dabei geht es ihnen, finanziell und ausstattungsmäßig gesehen, gar nicht so schlecht. Aber in der Basilicata zu arbeiten, genügt schon, um einen schlechten Ruf zu festigen.«

Daß sich bei derart heterogener Entwicklungslage des Mezzogiorno kaum Solidarität unter den Provinzen ausbreitet, ist verständlich. Hochentwickelte Zentren wie z. B. Bari fühlen sich, trotz der doppelten Entfernung, Rom näher als das in vieler Hinsicht reduzierte Neapel, und die tonangebenden Industriemanager aus Taranto sind um keinen Preis bereit, mit den Landschaftsschützern, die in Calabrien und der Basilicata unterwegs sind, gemeinsame Sache zu machen.

Die Kämpfe um Selbständigkeit und das Recht, Identitäten gemäß der eigenen Traditionen und Sitten aufzubauen, nehmen daher von Region zu Region, mitunter von Gemeinde zu Gemeinde, ganz unterschiedliche, oft recht spezifische Formen an. So haben sich z. B. im Gebiet des Monte Pollino an der Grenze zwischen Calabrien und der Basilicata (und an einigen Stellen auch in Sizilien) gut sechs Dutzend Dörfer und Städte erhalten, in denen eine albanisch-stämmige Bevölkerung dominiert. Ihre Vorfahren waren im 16. Jahrhundert vor den muselmanischen Türken geflohen und hatten von den unteritalienischen Herrschern »großzügig« dort Land bekommen, wo es sonst keiner wollte - in den Urwäldern der Höhenregionen und auf kaum zugänglichen Felsplateaus. In zäher, aber stets gewaltfreier Verteidigung haben die »Albanesi« oder auch »Arbresh« neben dem Italienischen auch ihr Albanisch und ihre griechisch-orthodoxe Religion gegen alle »Einheitsversuche« und Bekehrungsanstrengungen aufrecht erhalten; seit einigen Jahren duldet die Obrigkeit sogar wieder zweisprachige (italienisch-albanische) Straßenschilder. Ermutigt durch solche Erfahrungen, haben in Süd-Calabrien und in Apulien auch die griechischen Minderheiten (auch sie z. T. Nachfahren von Flüchtlingen aus dem 16. Jahrhundert, z. T. aber wohl auch aus byzantinischer oder noch früherer Zeit) »ihre« Kultur wiederentdeckt, pflegen ihre alte Sprache, feiern ihre Feste und restaurieren altes Handwerk (Keramik z. B. und Knüpfen orientalischer Decken und Teppiche).

Es sind dies auch die Orte, an denen heimkehrende Emigranten, im Gegensatz zu den meisten Orten des Mezzogiorno, willkommen sind. »Keine Spur von Emargination«, sagt uns Pietro Brandi aus Spezzano Albanese, der selbst viele Jahre im Ausland war, »die Re-Migranten sind hier ein wichtiger Pfeiler der kommunalen Ökonomie. Die meisten hier waren einige Jahre fort, sind heimgekehrt und haben sich ein Stück Land gekauft. Damit läßt sich die Eigenversorgung sichern, das ist schon mal viel. Und dann hat bei uns kaum einer den Ehrgeiz, große Reichtümer zu sammeln. Wenn unser Nachwuchs studiert, dann meist Dinge, die er auch hier brauchen kann, Land- und Forstwirtschaft zum Beispiel.« »Wir brauchen sie aber nicht nur wegen des Geldes«, setzt der Bürgermeister von San Giovanni in Fiore im schön gelegenen Sila-Gebirge dazu, »sie bringen uns, die wir recht abseits leben, auch immer wieder neue Impulse für unsere Kultur, unsere Weltsicht, unseren Austausch mit ‚draußen'.«

Ganz anders spielt sich der Kampf gegen aufgesetzte Ordnungsformen im Gebiet des Aspromonte, ganz im Süden Calabriens, ab. Das dortige Banditenwesen, die Entführungen und Erpressungen zu Reichtum gekommener Unternehmer sind da nicht nur billige Kriminalität. Wer die Gebiete durchfährt, wird oft mehr Polizisten und Carabinieri als Einwohner der kleinen Dörfer finden; betrachtet man die Gesichter, die die Leute hier gegenüber den Uniformierten machen, so könnte man eher die Ordnungshüter für die Störenfriede halten. Der Brigant hat hier oft noch den Ruf eines Robin Hood, der den Reichen nimmt, aber die Armen beschützt. Und auch wenn sich kaum jemand nachts oder ohne Bedeckung den Aspromonte zu durchqueren getraut, selbst wenn er arm ist (»Wer weiß, vielleicht verwechseln sie mich«, sagt uns ein Bauer, von dem wir später hören, daß einer seiner Söhne wegen Bandenbeteiligung einsitzt), so sind für die meisten doch »die da oben« schuld an der ganzen Misere - nicht die Burschen, die »da oben« im Aspromonte »in die Wälder« gegangen sind, sondern die »da oben in Rom«, die mit ihrer Politik Elend und Unterdrückung geschaffen haben sollen.

(1985)

Gamal und der Segen der Illegalität

Ausländer in Italien und die Verschärfung der Gesetze

Am Morgen, wenn der Espresso Neapel-Rom gegen sieben Uhr ein paartausend Pendler zur Arbeit bringt, fährt der Zug am Bahnhof »Divino Amore« ganz langsam vorbei; angeblich werden Gleise repariert. In Wirklichkeit, so meinen die Arbeiter, will der Lokomotivführer auch nur das Schauspiel genießen, das sich just um diese Zeit allmorgendlich nahe der Station abspielt, und das die Pendler unter dem Namen »la carovana«, die Karawane, zum festen Bestandteil der morgendlichen Anfahrt rechnen: um diese Zeit nämlich quellen aus einem mächtigen alten Bauernhaus, dessen Fenster vermauert oder zugenagelt sind, ganze Ströme von Menschen heraus und streben in langer Linie auf dem schlechten Fußweg den Hügel hinab - allesamt schwarz- oder dunkelhäutig.

Die Angehörigen der »Karawane« sind durchweg Illegale, »Clandestini« (heimlich Eingewanderte), die meisten aus Marokko, Tunesien, Ägypten, Saudi-Arabien. Zwischen sechzig und hundert Männer hausen in dem Innenhof der alten »fattoria«, manchmal sind es auch hundertfünfzig. Sie haben sich alte Matratzen in die untersten Räume gelegt oder einige kaputte Wohnwagen bezogen, die das Militär nach dem Erdbebeneinsatz als nichtreparabel zum Schrottplatz gefahren hatte. »Keiner von uns besitzt hier mehr als zwei Hosen und Hemden«, sagt mir Gamal, so etwas wie ein anerkannter Sprecher der Gruppe, der sich als Dolmetscher bei den häufigen Razzien bewährt hat und der daher trotz seiner Illegalität geduldet wird, »was Wert hat, trägt man am Körper, auch bei der Arbeit.« Und das verdiente Geld? »Da gibt es Kuriere, die bringen das wöchentlich oder alle zehn Tage nach Hause.« Bislang hat es kaum Mühe gemacht, Kuriere ebenso wie andere Illegale sicher mit Fischdampfern durchzuschleusen.

Seit einigen Tagen herrscht jedoch Katerstimmung in »Divino Amore«: die Regierung Craxi hat nach dem Attentat auf den Flughafen von Rom sehr strenge Aufenthaltsbestimmungen für Ausländer verordnet. So soll künftig »illegale Einwanderung« als Straftat gelten und bis zu zwei Jahren Gefängnis einbringen - bisher wurden Illegale einfach abgeschoben (Faid, ein Saudi, gilt in »Divino Amore« als Rekordhalter, er wurde schon elfmal hinausgeworfen). Kein Wunder, daß die Solidarität der arabischen »Gastarbeiter« in Italien mit dem palästinensischen Volk derzeit nicht allzu hoch ist; viele der Illegalen sehen durch die Aktivitäten der Bombenleger nun ihre eigene Existenz schwer gefährdet. In Italien leben derzeit mindestens 800000 Ausländer; Schätzungen gehen aber von weit über einer Million aus, weil die Statistiken nur diejenigen erfassen, von denen sie auf irgendeine Weise Kenntnis bekommen haben, etwa durch Aufenthaltserlaubnis, durch Gewährung von Unterkunft oder auch durch Straftaten (an die 20000 wurden in den letzten zehn Jahren festgenommen).

Nach Angaben der Behörden sind derzeit an die 200000 Nichtitaliener arbeitslos; dabei handelt es sich aber nur um diejenigen, die gemeldet sind. In Wirklichkeit ist gut die Hälfte aller Ausländer hier ohne feste Anstellung - was aber nicht heißt, daß sie nicht arbeiten. Im Gegenteil, denn die »Illegalität bringt ja auch Segen mit sich«, sagt Gamal, »kein Vertrag, kein Muß, keine Abgaben«. Fast alle Illegalen sind Saisonarbeiter, kommen zur Zeit der Anpflanzung oder der Ernte ins Land und gehen dann wieder zurück, »ohne weitere Spuren zu hinterlassen«, wie der Chef der Finanzpolizei in Neapel weiß, wobei er unter »Spuren« die allfälligen Steuern und Abgaben meint. So legt er seine Leute vor allem an den »heißen« Routen zwischen Gaeta und Pozzouli oder im Hinterland bei den großen Tabak-, Mais- und Tomatenfeldern auf die Lauer. »Zu holen ist allerdings kaum jemals etwas«, sagt er, »das System der Kuriere funktioniert perfekt, die haben allenfalls mal eine Wochenlöhnung in der Tasche.« Und die ist meist miserabel niedrig. Denn das Geschäft mit der Ausbeutung blüht (die Regierung will angeblich künftig einen wirksameren Schutz vor dem Mißbrauch der Illegalität durch Unternehmer und Bauern verfügen), kaum ein Drittel des zustehenden Lohnes erhalten die Illegalen, die die »Padroni« meist bei Morgengrauen an irgendwelchen Straßenrändern oder allbekannten Sammelpunkten auswählen und mitnehmen. »Wer den Mund aufmacht, fliegt«, erzählt uns Hagib aus Mahdia in Tunesien, den wir am »Warteplatz« Baia Domizia in der Campania treffen. Hagib hat zuerst direkt in Neapel gearbeitet, in einer Zigarettenfabrik; als die Firma mehr als vier Wochen den Lohn schuldig blieb, haben die Arbeiter das Büro gestürmt - dort wurden sie bereits von einer Schläger-Gruppe erwartet, die »uns kurz und klein gehauen hat«. Seitdem geht er nur noch zu Bauern »und hält jeden Abend gleich die Hand auf«. Ein paar Kilometer weiter nördlich, bei Mondragone, ist eine andere Variante der Illegalität zu besichtigen - der Straßenstrich mit farbigen Frauen. Ein paarhundert dunkelhäutige, oft sehr junge Mädchen werden jeden Freitag aus Neapel zu bestimmten Kreuzungen und vor allem zu den Nato-Basen gekarrt, wo sie bis Sonntagnachmittag »Dienst« tun. Dann verschwinden sie wieder in schmutzige Quartiere in Portici und Castellammare, wo sie wochentags auf Freier warten müssen. Hagib hat sich selbst einmal als Zuhälter versucht, dabei aber übersehen, daß es da genaue Rangordnungen gibt: als er eine Weiße beschäftigte, bekam er Ärger, zuerst mit der Polizei, dann mit anderen Zuhältern.

Anders als in der Bundesrepublik haben ausländische Arbeiter in Italien ihre Familien nur selten dabei; die »Illegalen« schon gar nicht. Sie sehen ihre Arbeit als reinen Pendelverkehr an, wollen sich hier gar nicht integrieren, sondern sparen auf eine Existenz zuhause. Insofern kommt in Italien bisher kaum einmal der in der Bundesrepublik spürbare Haß auf die »Überfremdung« auf, und nur selten hört man schimpfen, daß »die uns die Arbeit wegnehmen«. Vielleicht liegt es auch daran, daß farbige Haut in Italien noch nie ein Unterdrückungsgrund war, und daß man den Kampf um Arbeit als kollektive Sache sieht und weniger als Verdrängungswettbewerb. Erst die blutigen Attentate haben so etwas wie »Spannung« zu den Nichtitalienern gebracht; aber die bezieht sich derzeit noch eher auf bestimmte Politiker, Personen wie Ghadaffi oder Abu Nidal. Die neuen Ausländergesetze werden so wohl eher zu Auseinandersetzungen zwischen Polizei und Ausländern und weniger zwischen der Bevölkerung und Farbigen führen. »Das Schlimme«, sagt Gamal, »ist, daß unsere kleine ‚große Freiheit', die wir uns als mühsame Balance zwischen stillschweigender Duldung und Ausweisung erarbeitet haben, nun wohl in die Brüche geht.« Wohin will er dann? Gamal hebt die Schultern. »Jetzt mal ein halbes Jahr heim. Dann weitersehen.« Jedenfalls möchte er in kein anderes Land. Schon gar nicht in die Bundesrepublik, selbst wenn er könnte. »Da hat mein bruder gearbeitet«, sagt er, »legal übrigens. Dann hat er sich von seiner Frau zuhause scheiden lassen, um eine Deutsche zu heiraten, damit er weiter dort arbeiten konnte. Und jetzt haben sie ihn doch rausgeschmissen.« Das klingt nicht nach Schadenfreude, sondern eher so, als fürchte Gamal, daß es auch in Italien so kommen könnte.

(1986)

Südtiroler »Rassenstreit« spitzt sich zu

Alexander Langer verklagt Tageszeitung »Adige«

Offziell richtete sich der Leserbrief des »Dott. Karl Saltner« gegen ein paar kritische Bemerkungen des Bergkletterers Reinhold Messner zum Thema »Trennung der ethnischen Gruppen«, wie in Südtirol der real existierende Rassismus umschrieben wird (»Apartheidssystem« nennt es der Genueser Autor Sebastiano Vasalli in seinem Buch »Die Unsichtbaren«). Doch der »Dott.« kam gleich zur Sache: »Messner selbst versteht überhaupt nichts von Politik«, erklärt er der (christdemokratisch orientierten) Tageszeitung »Adige«, aber er arbeitet zusammen mit Alexander Langer, »dem Feind der Südtiroler, der, als Sohn eines Juden, niemals vergeben hat und der mit viel ‚Intelligenz' Rache übt... Die Tendenz Langers besteht genauso wie die des MSI (neofaschistische Partei) auf lange Sicht darin, die deutsche Gruppe der Südtiroler zu eliminieren«.

Der »Dott. Karl Saltner« darf für sich das Verdienst in Anspruch nehmen, die »ethnische Auseinandersetzung nun auch noch um den Antisemitismus bereichert zu haben. Daß ihm das schon lange auf dem Herzen lag - und vielleicht noch manch altem Kämpfer aus der Zeit des »Reiches« - zeigt die Tatsache, daß der Angriff auf Langer ohne aktuellen Anlaß kam - es mußte halt heraus. Alexander Langer, 40, seit 1978 Landtagsabgeordneter in Südtirol für die »Alternative Liste«, zählt bei den strammen Verfechtern der »ethnischen Trennung« schon lange zur ersten Garnitur der Unpersonen. Expliziter Antisemitismus ist allerdings neu, aber wenn schon Rassendiskriminierung - wie sie gegenüber den Italienern alltäglich ist -, dann auch richtig. »Die Deutschen sprechen nie davon, aber genauso ist es«, beendet der »Dott. Karl Saltner« seine Anti-Juden-Äußerung.

Langer und seine »Alternativen« kämpfen für die Aufhebung der Apartheid, für eine Aussöhnung der Gegensätze, die da vorwiegend durch die Vertreter der deutschsprachigen Volksgruppe mit immer neuen Manifestationen kräftig am Leben gehalten werden. Als bei der Volkszählung vor einigen Jahren jeder Bewohner der Region Trendo-Alto-Adige angeben mußte, welcher Volksgruppe er angehöre, riefen die »Versöhnungsfechter« um Langer zum Boykott auf. Wie groß der Unsinn der Volks-Aufteilung war, zeigte sich bald - die Kreuzchen bei »deutsch« oder »italienisch« wurden kaum einmal nach dem »Zugehörigkeitsgefühl« gemacht, sondern nach den Berufsaussichten, weil der gesetzlich vorgeschriebene Proporz bei der Besetzung öffentlicher Stellen die gut 280 000 »Deutschsprachigen« kräftig gegenüber den etwa 120 000 »Italienern« bevorzugt. Das 1969 ausgehandelte »Südtirolpaket«, das ursprünglich eigentlich die deutschsprachige Minderheit vor der aus faschistischer Zeit bestehenden Bevorzugung der Italiener schützen sollte, droht die Unterdrükkungsverhältnisse umzukehren. Mit komfortabler parlamentarischer Mehrheit ausgestattet, herrscht die Südtiroler Volkspartei (nur sie entsendet auch Abgeordnete nach Rom). Und wenn etwas nicht per Parlament für die »Deutschen« durchzusetzen ist, gibt es da noch die martialisch einherschreitenden »außerparlamentarischen« Hilfstruppen, wie die »Schützen« und die Heimatverbände, viele verbündet mit den Gestrigen jenseits des Brenners - zwischen Innsbruck und München.

Eine Quittung kam für die Politiker bei den letzten Kommunalwahlen 1985: da stimmten mehr als ein Drittel der italienischsprachigen Bozener für den MSI - die antideutschen Neofaschisten schienen ihnen der einzige Garant für ihr eigenes Über-

leben. Alexander Langer interpretiert diesen Wahlausgang als »groben Keil, der auf einen groben Klotz draufgesetzt wurde« - nämlich auf das Fehlverhalten der großen Landesparteien, denen weder in Südtirol noch in Rom etwas Schlaues zur Aussöhnung und Integration der Volksgruppen einfällt. Das Feld bleibt so den Apartheidsbefürwortern um den »Landeshauptmann« Silvius Magnago von der »Volkspartei« überlassen, der »die Trennung der Volksgruppen als unerläßlich für die Aufrechterhaltung des deutschen Elements« propagiert.
Die Arbeit der Alternativen für eine Aussöhnung der Gruppen in Südtirol ähnelt angesichts der Mehrheitsverhältnisse und der Untätigkeit der großen Parteien überwiegend einem Kampf gegen Windmühlen. Als Alexander Langer den Briefschreiber »Dott. Karl Saltner« wegen Beleidigung und übler Nachrede anzeigte, stellte sich heraus, daß es den »Dott. Karl Saltner« gar nicht gibt.
Weshalb der Prozeß gegen den Chefredakteur der Tageszeitung »Adige« selbst stattfand. Langer bekam recht. »Adige« muß 500 000 Lire »Schmerzensgeld« bezahlen (die der Abgeordnete an die »Gesellschaft für bedrohte Völker« überweist); der zwielichtige Chefredakteur erhielt drei Monate mit Bewährung.
(1986)

Gratwanderung zwischen Selbstkritik und Verrat

Italien versucht die »Wiederversöhnung« zwischen Gesellschaft und Ex-Militanten des »bewaffneten Kampfes«

Einst gehörte Sandro Pertini zu den ganz Harten. Während der Entführung des christdemokratischen Parteipräsidenten Aldo Moro plädierte er für unnachgiebige Härte gegenüber den Roten Brigaden. Als er, wenig später, Staatspräsident wurde, schrieb er sofort einen Brief, der nach seiner eventuellen Entführung veröffentlicht werden sollte und der jegliche Verhandlungen zu seiner Freilassung untersagte. Und doch war er, 1985, der erste westliche Staatschef, der eine verurteilte Militante des »bewaffneten Kampfes« (Fiora Pirri Ardizzone) in aller Form begnadigte. Der Oberaufseher über Italiens Gefängnisse, Niccolo Amato, war früher Staatsanwalt in den Prozessen gegen die »Roten Brigaden« und setzte dutzendweise Lebenslänglich durch, und doch sieht er inzwischen »nur noch einen ganz geringen Teil der Einsitzenden als wirklich gefährlich an«; auf ca. acht bis zehn Prozent beziffert er sie, »und darum sollten wir uns anstrengen, das Kapital der Notstandsgesetze endlich abzuschließen.« Der ehemalige Turiner Ermittlungsrichter und heutige PCI-Abgeordnete Luciano Violante hat in den siebziger Jahren ganze Scharen von Linksmilitanten eingesperrt (darunter Giuliano Naria, der, trotz seiner Unschuld, mehr als acht Jahre saß, bis er, 1985, endlich freikam), und doch meint er, daß » es sich unser Staat nicht nur leisten kann, sondern auch dazu aufgerufen ist, ein neues Verhältnis zu denen zu suchen, die einst mit Schußwaffen gegen die Gesellschaft vorgegangen sind«.
Zeichen eines grundlegenden Wandels im Verhältnis von Gesellschaft und ehemaligen Mitstreitern des »bewaffneten Kampfes«? Ein »Signal von Selbstbewußtsein«, wie es Ministerpräsident Craxis Sozialistische Partei seit längerem fordert? Oder eine Art Mode, ein »letzter Nackenschlag« für die schon Besiegten, wie es die im Sommer 1985 als letzte »Große« der Roten Brigaden verhaftete Barbara Balzerani sieht? Eine »cäsarische Geste«, so der Moro-Entführer Mario Moretti - abgekupfert dem Verhalten, mit dem bekanntlich der alte Römer seine militärisch besiegten Feinde endgültig fertigmachte?
Wie auch immer: Versöhnung ist in Italien angesagt, »riconciliazione«, Friedensschluß, Befriedung, »pacificazione«, Vergebung oder zumindest Nachsicht für die Teilnehmer am »bewaffneten Kampf«. Der Sohn des Richters Vittorio Bachelet erteilt öffentlich den Mördern seines Vaters Absolution; die Tochter Aldo Moros zieht ihre Nebenklage zurück und besucht die tatbeteiligten Rotbrigadisten Valerio Morucci und Adriana Faranda im Zuchthaus, geht an Neujahr 1986 sogar mit ihnen zur Messe. Dem Parlament liegt bereits ein halbes Dutzend Amnestiepläne vor; der demokratische Richterverband sucht ebenso nach Möglichkeiten, die »bleiernen Jahre endgültig zu überwinden« wie ein erlesener Intellektuellen-Zirkel in der neuen Zeitschrift »Antigone«: in ihr schreiben ehemalige Vordenker der Studentenbewegung, wie Rossanna Rossanda (»il manifesto«), Massimo Cacciaro (PCI) und Luigi Manconi (»Lotta continua«), im Verein mit sonst eher geschmähten Liberalen, wie dem aggressiven »Espresso«-Kolumnisten Giorgio Bocca.
Daß das ganze nicht ohne Widerstand geht, ist klar; Fußangeln und Querschüsse wechseln mit neuen Initiativen für eine Überwindung der starren Fronten ab. Ministerpräsident Craxi, der auf Rückgewinn PSI-flüchtiger Intellektueller zielt, verordnet der Polizei, bei Verdächtigen nicht gleich loszuballern - in Triest aber wird der ehe-

malige »Autonome« Pietro Maria Greco, obwohl völlig unbewaffnet, von einem nicht ausgewiesenen Zivilkommando der Kripo erschossen. Das Parlament beschließt, nach massiven Interventionen von Amnesty international und des Europäischen Gerichtshofs, Hafterleichterungen (wie die Verkürzung der grundrechtswidrig langen Untersuchungshaft, die bis zu elf Jahre dauern kann) und die Umwandlung von Haft in Hausarrest in »minder gefährlichen« Fällen, bei Kränklichkeit oder vorgerücktem Alter - aber die »Brigadisten-Oma« Caterina Picasso, 79 Jahre alt, mußte soeben wieder in den Knast. Ende der siebziger Jahre hatte sie Mario Moretti und anderen Brigadisten Unterschlupf gewährt und dafür fünf Jahre bekommen; nun sieht das Appellationsgericht in Mailand sie wieder als »sozial gefährlich« an und widerruft den Hausarrest.

Dennoch: Befragungen haben ergeben, daß die übergroße Mehrheit der Italiener einen Schlußstrich unter die »bleiernen Jahre« wünscht, und zwar einen, der nicht in bloßer Vergeltung besteht. »Der militärische Teil der Auseinandersetzung ist längst entschieden«, sagt der Soziologe Luigi Manconi, »es geht darum, ob damit die Probleme, die zum bewaffneten Kampf geführt haben, auch schon gelöst sind.« Ex-Hardliner Luciano Violante sieht die Volksstimmung so: »Die wollen Elemente der Toleranz in der Politik.« Nur, wie diese Toleranz aussehen soll, darüber streiten sich ihre Befürworter allenthalben. Geht es um eine mehr moralische »Vergebung« oder um eine strafrechtliche Amnestie? Soll die »Toleranz« nur für die gelten, die sich in »tätiger Reue bekehrt« haben (die »Pentiti«, übersetzt die »Reuigen«), für die also, die sowieso schon durch die berüchtigten Kronzeugen-Gesetze von 1979 in den Genuß von »Rabatt« bis hin zur Straffreiheit trotz Mordes gekommen sind? Oder Toleranz auch für die, die den »bewaffneten Kampf« zwar als Irrtum oder gar Verbrechen ansehen, aber nicht geneigt sind, Kollegen anzuschwärzen? Oder sollen am Ende gar auch noch die »irriducibili«, die Unbeugsamen, Toleranz sozusagen aufgedrängt bekommen, nur weil die Italiener endlich Ruhe vor ihrer Vergangenheit haben wollen? Die Begriffsverwirrung ist schon komplett, noch ehe die »Toleranz« sich irgendwo materialisiert.

Dennoch ist dies alles weder bloße Show noch Mode; auch wenn manche Geste wohl etwas zu spektakulär ausfällt, wie der Kirchgang der Moro-Tochter (die Frau des Moro-Chauffeurs, der bei der Entführung ermordet wurde: »Die soll tun, was ihr richtig erscheint, aber bitte etwas leiser.«). Oft manifestiert sich dabei eher noch ein Tasten als ein Versöhnungskonzept; der Ernst dieser nicht mehr nur vereinzelten Gesten steht jedoch außer Frage.

Eine Schlüsselrolle kommt dabei der Kirche zu, wenngleich gerade ihre Worte zur Versöhnung mitunter einer wirklichen Klärung der Situation im Wege stehen. Seit Beginn der achtziger Jahre haben sich katholische Geistliche zuerst im Geheimen, dann immer offener für die Fragen einer »Rehabilitation« von politischen Gefangenen zu interessieren begonnen. Seit 1983 wurde dies auch durch eine Reihe spektakulärer Akte auf beiden Seiten deutlich. Signale, die einsitzende Rotbrigadisten und Angehörige der »Prima linea« seit 1981 aus den verschiedenen Zuchthäusern Italiens sandten und die eine behutsame Reflexion auf die eigene Vergangenheit und den Wert des durchgeführten »bewaffneten Kampfes« erkennen ließen, wurden bald von einzelnen Priestern aufgenommen.

1981 begann der »Lebenslängliche« Roberto Vitelli in »Il manifesto«, »Lotta continua« und anderen Zeitungen eine Diskussion um die Figur des vom Terrorismus

losgesagten, aber nicht zum Verrat an seinen ehemaligen Kampfgefährten bereiten Ex-Militanten. 1983 veröffentlichten 51 Häftlinge des Hochsicherheitstraktes im römischen Zuchthaus Rebibbia eine umfangreiche Analyse der vorangegangenen Kämpfe (»Documento dei 51«), in der die unterschiedlichen Standpunkte zur eigenen Vergangenheit dargestellt und aus der persönlichen Erfahrung des einzelnen her motiviert und legitimiert wurden (mit Ausnahme des »Pentirsi«, der vorbehaltlosen Zusammenarbeit mit den Behörden unter Preisgabe aller ehemaligen Weggefährten). Als »legitim« wird da z. B. die Weigerung bezeichnet, für »Kämpfe in den Fabriken oder in den Stadtteilen den Namen kriminelle Vereinigung oder Terrorismus zu akzeptieren«. Legitim ist für die »51« auch die »Nichtanerkennung der staatlichen Gerichte zur Wertung der einzelnen Handlungen«, ebenso wie andererseits der Standpunkt, »daß der Kampf ein Irrweg oder gar ein Verbrechen war« - vorausgesetzt, es kommt dabei nicht zu Verrat von Ex-Genossen. Seit 1983 drucken auch Kirchenblätter Beiträge der »51«.
Nahezu gleichzeitig mit der Veröffentlichung dieser Analyse änderte sich auch das Verhalten verschiedener Angeklagter in Prożessen gegen die Roten Brigaden und die Prima linea. Eine Reihe von ihnen begann, sich vorsichtig von der Linie der »irreducibili«, der Unbeugsamen, nicht Aussagebreiten abzusetzen. Damit konstituierte sich erstmals auf breiter Ebene das Phänomen des »dissociato«, des Abspringers, der gegenüber den Behörden zu den eigenen Taten steht, nicht jedoch über beteiligte Genossen und deren Verwicklung aussagt. Valerio Morucci, der bisher geschwiegen hatte, Adriana Faranda, ebenfalls von der römischen Kolonne der Moro-Kidnapper, und viele andere sprachen nun über ihre Rolle innerhalb der Brigaden, Morucci auch vor der »Parlamentskommission über die Entführung und Ermordung Aldo Moros und den Terrorismus in Italien«. Es vergingen nur wenige Wochen, da begann seitens der Kirche die öffentliche Debatte über die »riconciliazione«, die Aussöhnung. Der Mailänder Kardinal Carlo Maria Martini ließ in keiner Predigt mehr das Wort »Versöhnung« aus - auch in Bezug auf politische Gefangene, »und zwar unabhängig davon, ob sie schuldig sind oder nicht«.
Zahlreiche Kollegen folgten dem Beispiel Martinis. Der Bischof von Acerra, Antonio Riboldi, der zuerst in Sizilien gegen die Mafia gekämpft hat und mittlerweile bei Neapel gegen die Camorra arbeitet, besucht regelmäßig einsitzende Rotbrigadisten und steht auch denen zur Verfügung, die aufgrund der »Pentiti«-Gesetze schon freigekommen sind, sich aber nicht in der Freiheit zurechtfinden; der große Strafnachlaß wird ihnen oft ebenso vorgeworfen wie ihr Verrat an den Genossen. Don Riboldi über den Unterschied zwischen einem Camorra-Gangster und einem Ex-Rotbrigadisten: »Terroristen haben, fast alle, aus sozialem Engagement gehandelt, aus selbsterworbener innerer Überzeugung. Daher sind sie imstande, Irrtümer einzusehen und Fehler zuzugeben. Camorra- oder Mafia-Mitglieder stattdessen sind meist schon als Kind in ein Ambiente hineingeboren, das sie nicht aus Überzeugung, sondern aus Tradition in die ‚Malavita' einbindet; mafioses Handeln entspricht fast nie einer sozialen Überzeugung - Marke Robin Hood -, sondern der Durchsetzung von Profit mit nackter Gewalt. Es ist viel schwieriger, einen Camarristen oder einen Mafioso zu einer neuen Sicht der Dinge zu bringen als einen Ex-Terroristen.«
Oft ist der Weg der Kirchenvertreter zu den einsitzenden Politischen gepflastert mit Hürden, die die alten Kämpfer der »bleiernen Jahre« in Administration und Justiz aufbauen. Dem Bischof von Piacenza z. B. wurde der Zugang zu Häftlingen im

städtischen Gefängnis verwehrt mit der Begründung, das seien ja wohl nicht seine Verwandten, und außerdem habe man doch den Gefängnis-Geistlichen. Da erinnerte sich der Bischof an ein altes Recht: er darf in jeder Kirche seiner Diözese die Messe lesen. Also las er sie - in der Gefängniskapelle, und er nutzte die Gelegenheit, um mit den Häftlingen eine Wechselrede zu beginnen, so daß die Beschwerden und Sorgen nun sogar laut und vor aller Ohren geäußert wurden. Seither darf er zu Einzelbesuchen in die Zellen. In Voghera bei Pavia - wo einer der brutalsten Hochsicherheitstrakte Italiens erbaut wurde - verlas der Ortsgeistliche den Appell der Ex-Rotbrigadistin Fulvia Miglietta an ihre ehemaligen Genossen. Fulvia war 1982 in ein Nonnenkloster geflüchtet und dort so lange beherbergt und vor der Polizei verborgen worden, bis sie bereit war, sich zu stellen. Im Gefängnis Badu auf Sardinien solidarisierte sich der Gefängnis-Geistliche Salvatore Bussu mit den einsitzenden Brigadisten und nahm an einem Hungerstreik teil - und als sich nichts an den Zuständen änderte, legte er sein Amt nieder, um seither die Aufrufe in seinem Pfarrblatt zu publizieren.

Mitte 1984 kam es dann seitens ehemaliger »Prima linea«-Kombattanten zu einem besonders spektakulären Akt: einer ihrer noch freien Genossen wuchtete eines Morgens beim Sekretär des Mailänder Kardinals Martini drei Säcke auf den Tisch und verschwand wieder. Dem »zu Tode erschrockenen« Sekretär Con Cortesi kullerten Handgranaten, Patronen, Kleinkaliberwaffen und ein paar Kalaschnikov-Maschinenpistolen entgegen. Kardinal Martini tippte hinsichtlich des Auftraggebers für die Sendung auf Ernesto Balducci, denn der hatte ihm kurz zuvor geschrieben: »Wir begeben uns, Eminenz, in Ihre Hände. Denn wir schätzen Ihre Offenheit und Ihre menschlichen Gesten, ihr Nachdenken über Humanität und Ihre Bereitschaft zum Dialog.« Der Akt hatte zweifellos Symbolcharakter: Wir haben immer noch Waffen und Genossen »draußen«, und wir verständigen uns auch mit ihnen; wir könnten weitermachen, aber wir geben den Kampf auf. Und, weiterer Beweis für die Ernsthaftigkeit: die Übergabe des Arsenals an den Kardinal bringt, selbst wenn sich einmal der Auftraggeber feststellen läßt, keinerlei Strafrabatt, denn dafür hätte man das Mordswerkzeug direkt an die Behörden ausliefern müssen, so, wie es viele »Pentiti« und mittlerweile wohl auch eine andere »Prima linea«-Abteilung taten, die ihre Waffen an den Staatsanwalt schickten.

Doch das Aufeinanderzugehen von Kirche und Ex-Militanten des »bewaffneten Kampfes« sorgt auch gehörig für Konfusion und Aneinandervorbeireden. Denn wenn die Kirchenvertreter von »Versöhnung« reden, meinen sie offensichtlich etwas anderes als die Politiker, die Richter, selbst als die meisten Einsitzenden. Für die Kirche geht es um Vergebung, also eher um einen moralischen Akt. Er ist zunächst ohne irgendwelche strafrechtliche oder rehabilitative Konsequenz. Er tut den Leuten im Knast oder mittlerweile auch draußen lediglich kund: Es gibt hier Leute, die nichts mehr gegen euch haben, die mit euch reden wie mit jemandem, der für alles bezahlt hat oder der gar nichts angestellt hat. Für viele Ex-Brigadisten oder Mitglieder der »Prima linea«, der »Comitati comunisti combattenti« usw. aber reicht dieses reine Gefühl der Akzeptanz nicht. Die meisten von ihnen sind gerade um die dreißig Jahre alt, und was sie brauchen, ist nicht nur ein schönes Wort der Vergebung, sondern eine Zukunftsperspektive. Und das heißt: die »riconciliazione« muß sich für sich auch irgendwie materialisieren. Sie müssen wissen, daß irgendwann der derzeitige Zustand aufhört, und zwar in einigem Abstand vor dem Lebensende. Sie

wollen auf einen neuen Abschnitt ihrer Zeit hinplanen, der ihnen eine Konkretisierung ihrer Reintegration erlaubt. Aber wie das bewerkstelligt werden soll, ist noch weitgehend unklar. Auch die Hinwendung zur Religion, die viele Ex-Kämpfer heute zeigen, löst dieses Problem wohl nicht.
Natürlich wäre der juristisch einfachste Weg eine Amnestie. Ex-Richter Violante hält dagegen: »Keine Einwände, daß einer, der geschossen hat, weniger bezahlt als vorgesehen, wenn man ihm sein Absetzen vom Kampf glauben kann. Große Einwände aber gegen eine Amnestie, denn die würde zehn Jahre Anti-Terror-Kampf auslöschen. Vor allem, wenn es darum geht zu verstehen, was diesen erbitterten Krieg gegen den vorhandenen Staat ausgelöst hat, müssen wir noch viel mehr über den Terrorismus wissen.« Klar, wohin diese Stoßrichtung geht - die »dissociati« sollen auch zu »pentiti« werden. Erst muß noch der Rest der Sympathisanten und Mitkämpfer ermittelt und vielleicht auch eingesperrt werden, dann erst gibt es Gnade. Genau der falsche Weg, so Luigi Manconi: »Bis wir dahin kommen, ist die Jahrtausendgrenze da, und dann sitzen nach derzeitigen Hochrechnungen wohl fünf- bis sechstausend Linke ein. Von Versöhnung ist da keine Rede, und die Rekrutierung für neue militante Gruppen ist, angesichts solcher Zahlen und Fristen, wohl auch nicht allzu schwer.
Bezeichnend ist für all dies eine Polemik zwischen Rossana Rossanda und Giorgio Bocca zum Thema »riconciliazione«, ausgetragen über »Il manifesto« und »L'Espresso«. Bocca kritisiert darin vor allem die Gespaltenheit der Linken bei der Frage der Versöhnung. Der PCI, so Bocca, kommt nicht von seiner Haltung der Härte während der Moro-Entführung herunter, im PSI kämpfen ehemalige Hardliner wie Pertini gegen den linken Flügel, der eine Amnestie will. Die außerparlamentarischen Intellektuellen widersprechen dem einen wie dem anderen. Rossana Rossanda, unterstellt Bocca als »Musterfall«, will Vergebung nur für die »dissociati«, nicht aber für die »pentiti«, weil die »Kronzeugen« die unseligen Notstandsparagraphen erst mit Inhalt erfüllt haben. Rossana Rossanda antwortete postwendend: Es geht überhaupt nicht um Vergebung - das hat die Kirche in den Mittelpunkt gestellt, und zwar in gewisser Weise zu Unrecht. Denn vergeben kann nur, wem etwas zugefügt wurde, also die Angehörigen der Mordopfer oder die Menschen, die angeschossen, entführt, beraubt wurden. »Die« Gesellschaft hat in dieser Hinsicht nichts zu sagen, es ist nicht ihre Sache. Stattdessen aber hat sich der Staat zu dem zu bekennen, was er selbst angerichtet hat, und zwar gerade mit den »pentiti«-Gesetzen: sie haben ein Klima der Denunziation und des Mißtrauens geschaffen, haben unzählige Häftlinge dazu verführt, nicht nur ihre Genossen zu verraten, mit denen sie einst Ideale und Ziele einten, sondern auch viele unschuldige Menschen anzuschwärzen, um die eigenen Aussagen wichtiger erscheinen und den Strafnachlaß größer werden zu lassen. Der »Pentitismus«, einst als letztes Mittel gegen den Terror gedacht, wurde selbst zum Terrorinstrument. Und der »Pentito«, früher Hoffnungsträger zum Einbruch in die Reihen der Militanten, ist »Symbol eines Staates, der seinen Zerfall und seine eigene Korruptheit nur mit Polizei- und Waffengewalt verdecken kann«. Ebenso wie die »irriducibili« nach Rossana Rossanda bis heute ein unabgesprochenes Spiel im Sinne der Herrschenden treiben - »christdemokratische Politiker, die seinerzeit ihren Parteipräsidenten opferten, lassen sich von Rotbrigadisten wie Moretti ungeniert bestätigen, daß sie damals recht gehandelt haben, daß es gar keine andere Wahl als die Härte gegenüber den Entführern gab«, eine Härte, die den Tod Moros provozierte. Der »dissociato« verdient gerade deshalb Sympathie und Versöhnung,

weil man mit ihm diese maliziösen und augenzwinkernden Spiele nicht treiben kann, »weil er sich absetzt und dennoch dem Verrat widersetzt, weil er seine Ideale als Teil seiner Biographie begreift«, Grund für die Glaubwürdigkeit, die man ihm zugestehen kann.

Rossana Rossanda hat damit freilich den Finger genau auf die Wunde gelegt, die einerseits die »Versöhnungsdebatte« ausgelöst hat, andererseits aber auch ständig die Gefahr des Abdriftens vom Hauptanliegen provoziert.

Ein Großteil der Versöhnungsbereitschaft in Italien läßt sich nämlich durchaus mit dem Begriff »schlechtes Gewissen« beschreiben. In den siebziger Jahren, als die politischen Gewalttaten auf mehrere tausend im Jahr anschwollen, schien die Gegengewalt des Staates vielen legitim: die Notstandsgesetze mit ihrer unmenschlichen Verlängerung der U-Haft auf über zehn Jahre, die Isolationsmethoden und der Entzug von Rechtsbeistand auf viele Monate, die Hausdurchsuchungen und Telefonüberwachungen ohne richterliche Anordnung, ja, sogar der häufig gezielte Todesschuß auf nur vermutete »Rote« wurde allgemein akzeptierter Alltag - die Revoluzzer hatten es ja, so Volkes Meinung, selbst provoziert.

Aber in den achtziger Jahren zeigten sich plötzlich Verwicklungen, die ganz und gar nicht zum früheren Freund/Feind-Bild passen wollten. Da stellte sich heraus, daß viele Politiker, Richter, Polizisten, Militärs, Geheimdienstler in der kriminellen Geheimloge »Propaganda 2« zusammengearbeitet hatten, einer Loge, die unter anderem allerhand tat, um den rechten wie den linken Attentats-Boom zu stärken; Logenmitglieder protegierten Rotbrigadisten ebenso wie Neofaschisten, verstellten den Fahndern die Sicht oder sorgten dafür, daß fähige Ermittler schleunigst abgezogen wurden. Dann zeigte sich auch noch, daß einheimische wie ausländische Geheimdienste den Roten Brigaden und der »Prima linea« mit Logistik, Ausrüstung und Hinweisen auf Verstecke Abtrünniger zu Diensten gewesen waren. Leute vom italienischen Geheimdienst, vom CIA und vom israelischen MOSSAD, so die Erkenntnisse, hatten kräftig mitgeholfen, die Anschläge der Linksmilitanten zu solcher Massiertheit und auch zu solchen »Erfolgen« zu führen. Die Parlamentskommission zum Fall Moro schreibt denn auch verzweifelt: »Während keine ausländische Regierung jemals Solidarität oder Sympathie mit den terroristischen Aktivitäten in Italien gezeigt hat und ein Chor von Verurteilungen der spektakulärsten Verbrechen registriert werden konnte, sieht die Sache auf der Ebene der Geheimdienste im internationalen Feld zweifellos wesentlich ungünstiger aus. Zu verschiedenen Zeiten und mit verschiedenen Zielen hat mehr als nur ein Geheimdienst Interesse für die Aktivitäten der Terroristen gezeigt und sie zu instrumentalisieren versucht, wobei im Gegengeschäft Waffen und Geld zur Verfügung gestellt wurden. Wenn auch sicherlich die skrupellosesten Aktionen... dieser Geheimdienste ohne das Wissen ihrer jeweiligen Regierungen ausgeheckt wurden, kann man bei Versuchen in Italien jedoch kaum annehmen, daß sie ohne die zumindest stillschweigende Zustimmung ihrer politischen Führung unternommen wurden.«

Für die Italiener hatten solche Erkenntnisse Schockwirkung. Plötzlich standen die einst so übermächtig erscheinenden »Terroristen« eher wie Marionettenfiguren in einem Spiel der Macht und dunkler Machenschaften da. Über-Figuren wie Mario Moretti, der angeblich mit genialer Hand die römische Kolonne organisiert und zu den spektakulärsten Taten geführt hatte, schmolzen nun zu zwar umsichtigen, aber doch nur aufgrund hintergründiger Bedeckung wirkungsvollen Handlangern zusammen. Selbst den Paduaner Professor Toni Negri von der »Autonomia operaia«, den der rührige Staatsanwalt Pietro Calogero jahrelang als »Gehirn des internationalen Terrorismus« vorgeführt und dafür mächtigen Applaus eingeheimst hatte, mochte nun keiner mehr zu den Übermenschen zählen; der Vorwurf »Aufruhr gegen die Staatsgewalt« wurde Erster Klasse beerdigt, übrig blieb eine magere »Bandenbildung« (die in Italien allerdings auch noch mit 30 Jahren bedacht wird).

Die Re-Dimensionierung der Größe »bewaffneter Kämpfer« und die Entdeckung organisierten Schutzes für sie im Inneren des Staates brachten notwendigerweise auch die Frage nach der moralischen wie juristischen Berechtigung der stattgehabten Verfolgung der Militanten aufs Tapet - und damit auch die Bereitschaft zur »riconciliazione«.

Ob die Ex-Militanten am Ende freilich etwas mit der angebotenen »Versöhnung« anfangen können, wird wohl davon abhängen, wie weit ihnen bei alledem die Wahrung ihrer eigenen Identität gestattet ist. Die verbreitete Erwartung, daß der »Begnadigte« nun stets Dankbarkeit sichtbar vor sich herzutragen hat, nützt dabei sicher ebenso wenig wie die überwiegend in liberalen Zirkeln gepflegte »Schwamm-drüber«-Mentalität. Sicher hat Luciano Violante zumindest darin recht, daß eine kommentarlose Amnestie nicht nur die Strafen tilgt, sondern auch die Aufarbeitung der Ursachen erschweren kann, dann nämlich, wenn die Politiker und die Kirche, die Richter und die Sozialhelfer mit einem hörbaren »Gottseidank« das Tuch des Schweigens über die Vergangenheit breiten. In einem ausgesprochenen differenzierten Guten-Abend-Wort hat der Radio-Pfarrer Ennio Innocenti unlängst vor solcher Versuchung gewarnt: »Vergeben und Versöhnen ist nicht dasselbe wie Vergessen. Im Gegenteil. Vergessen bedeutet, daß man eigentlich gar nichts tut. Zu wirklicher Versöhnung gehört, daß man sich zunächst einmal darüber klar wird, was die Ursache für die Zwietracht war. Und da müssen beide Seiten zusammenarbeiten, beide ihre früheren und ihre heutigen Standpunkte erkennen und dem anderen erklären dürfen. Denn Versöhnung ist nicht möglich, wenn nur eine Seite definiert, was darunter zu verstehen ist.«

(1986)

»Eine Heldin ist gefallen ...«

Das Pathos nach dem Brigadisten-Anschlag von Rom

Roms »Quartiere Aurelio« gehört zu den Zonen, bei denen man nie weiß, wer da eigentlich wohnt. Einst war das ein Ausdehnungsgebiet des Proletarierviertels Travestere, dann lockten neugebaute Appartementhäuser Kleinbürger und Aufsteiger; heute verfällt vieles und die Arbeiterfamilien nehmen wieder zu.
Derzeit interessieren sich Leute für das Viertel, die dort nicht besonders beliebt sind: Polizisten und Reporter. Als ich in der Via Nostra Signora di Lourdes eine nagelneue Wandinschrift »Wilma, wir rächen dich« fotografiere, geht gegenüber ein Fenster auf und ein Alter schreit herunter: »Hau ab, Journalistensau!«
Eine halbe Stunde danach kann ich ihn besser verstehen: in der Via Torrevecchia haben gerade gut dreißig Polizisten einen Block durchkämmt; massierte Suche nach Komplizen beim Attentat auf Ministerpräsident Craxis Wirtschaftsberater Antonio da Empoli. Verhaftet werden am Ende zwei Männer, beide an die sechzig. Sicher haben sie nichts mit dem Attentat zu tun, aber die Fotografen und Fernsehleute werden ihre Festnahme in allen Einzelheiten berichten. »Vielleicht liegt irgendein alter Heftbefehl wegen Betrugs gegen sie vor«, meint, etwas verlegen, ein Carabiniere, der das obere Straßenende absichert.
Die Belästigungen verdanken die Bewohner von Aurelio der Tatsache, daß hier der letzte bekannte Wohnsitz der Wilma Monaco liegt, jener 28jährigen Frau, die Da Empoli angeschossen hat und die dabei selbst getötet wurde. Aus der Via Paleotti 30 war sie zwar schon vor ihrem Tod ausgezogen (kurz danach wurde ihr Mann Gianni Pelosi, zusammen mit der letzten wichtigen Rotbrigadistin Barbara Balzerani, verhaftet), aber die Polizei vermutet in diesem heterogenen und unübersichtlichen Viertel noch immer Komplizen und Verstecke, da mindestens drei Mittäter ja entkamen.
Die Nachbarn Wilma Monacos können sich allesamt ausgezeichnet an sie erinnern. »Unwahrscheinlich schön war sie, mit wunderbaren Mandelaugen«, schwärmt mir ein Rentner vor, »niemals eine Terroristin.« Auch die Friseuse, einen halben Kilometer entfernt, hat »Wilma« - sie nennt sie nur mit Vornamen - »immer als lieb und anziehend« in Erinnerung. Ein Fernfahrer aus dem Nebenhaus hat vor allem ihr »offenes Wesen« bemerkt. Ein seltsamer Kontrast zum Verhalten vor einigen Jahren, als sich bei Entdeckung von Rotbrigadisten-Verstecken niemand an das Aussehen selbst langjähriger Nachbarn erinnern konnte. Bei Wilma Monaco tun die meisten fast so, als wären sie mit ihr eng befreundet gewesen, jedenfalls sobald man sie davon überzeugt, daß man kein Polizeispitzel ist.
Ein Pathos sondergleichen hat sich da aufgebaut. Das halbe Quartier Primavalle ist mit Graffiti bemalt: »Eine Heldin ist gefallen«, »Macht euch keine Illusionen, ihr Justizbüttel, der Kampf geht weiter«, »Wilma, dein Ehrentod läßt uns siegen«.
Vielleicht trägt dazu das Foto bei, das immer wieder von der daliegenden Wilma Monaco reproduziert wird: den Kopf zur Seite gedraht, die Augen geschlossen, der Leichnam umstellt von schweren Männerstiefeln. »Sieht sie nicht aus, als würde sie schlafen?« fragt mich eine Frau, die, vom Alter her, gerade ihre Mutter sein könnte, »die wollte nicht sterben, sehen Sie, die hatte sogar eine kugelsichere Weste an.« Natürlich wollte sie nicht sterben; die Frage ist, was sie bei ihrem Tun zu Lebzeiten dachte.
Zwei Burschen von 20, 22 Jahren habe ich auf den Fersen, seit ich mit dem Fotogra-

fieren begonnen habe. Beim Einsteigen ins Auto wollen sie wissen, für wen ich arbeite. Angeblich haben sie Wilma Monaco gekannt; das stimmt vielleicht, aber wohl nicht in dem Maß, wie sie vorgeben. Bezeichnend dennoch, wie sie den Anschlag Wilma Monacos deuten. »Sie hat wahnsinnig gelitten, seit ihr Gianni sich der Balzerani angeschlossen hat.« Aber soweit bekannt, hat sich die Monaco doch selbst von Pelosi getrennt, weil sie die schießwütige Linie der Roten Brigaden um Barbara Balzerani nicht mittragen und stattdessen »im Rahmen der ‚Unione dei comunisti combattenti' arbeiter- und volksnäher kämpfen« wollte, wie sie schrieb? »Nein, nein, die hat sehr gelitten. Sie wollte mit der Aktion beweisen, daß sie auch so gut ist wie die anderen.« Klatsch? Vielleicht. Romantisierung jedenfalls.

Und daran strickt, neben ihren Genossen, oder die es sein könnten, das ganze Umfeld, die ehemaligen Nachbarn und Studienkameraden vom Polytechnikum »Colombo«. Aber nicht nur. Auch die Zeitungen haben begonnen, eine Romanze daraus zu machen. In aller Ausführlichkeit beschreiben sie die einstige Wohnung, die Farbe der Wände (lila), die Bilder (Liberty feminile), die zurückgelassenen Gegenstände (u. a. ein kleiner Plastikhase).

Nicht auszumachen, ob hinter der Verklärung auch eine bewußte Kampagne steht. Einen Zweck jedenfalls erfüllt das zelebrierte Pathos bestimmt: längst sind die politischen Erklärungen, die Wilma Monaco bei sich trug, an den Rand gedrängt. Von dem neunseitigen Dokument der »Unione dei comunisti combattenti«, in dem immerhin ausführlich Kritik an den Fehlern der Roten Brigaden geübt und der »internationale bewaffnete Kampf« stark zurückgestellt wird, spricht Italien heute nur noch, wenn es um die Frage geht, ob Wilma Monaco den Professor da Empoli töten oder allenfalls in die Beine schießen wollte.

(1986)

Bulgarische Spur - in die Wüste

Der Staatsanwalt im Papst-Attentats-Prozeß fordert Freispruch für die Bulgaren

Spannung erzeugen, das kann er, der Staatsanwalt Antonio Marini. Ganze elf Tage hat er sich Zeit gelassen, um sein Plädoyer im Prozeß um das Attentat auf Papst Johannes Paul II. loszuwerden. Elf Tage, in denen wir Journalisten von einer Wette zur anderen stolperten: er wird die drei angeklagten Bulgaren für schuldig erklären, er wird es nicht, er wird es doch - oder doch nicht?

Lediglich daran hatte der Ankläger keinen Zweifel gelassen: die drei Türken, die er angeklagt hatte (ein vierter, Bekir Celenk, den er für den Oberschmied des Komplotts hält, ist ihm in der Türkei weggestorben), die will er möglichst für immer hinter Gittern wissen. Für die »Grauen Wölfe« Mubar Celebi und Oral Celik forderte er Lebenslänglich, für Omer Bagci 20 Jahre. Sie allesamt, so Marini, waren Täter oder Helfer bei Ali Agcas Attentat auf Papst Johannes Paul II.

Aber die »bulgarische Spur«? Um die drehte sich doch fast alles, seit Ali Agca - der schon zu Lebenslänglich verurteilt ist - die drei Bulgaren Antonov, Aywazef und Wassilif als Drahtzieher denunziert hatte. Was ist mit der bulgarischen Spur? Marini zelebriert seinen Auftritt; wahrscheinlich weiß er, daß ihm solche Gelegenheit kaum ein zweites Mal geboten wird. Mit leiser Stimme beginnend, plötzlich auf eine Art Tobsuchtsanfall umschwenkend, dann wieder ironisch unterspielend - immer mit der linken Hand gestikulierend, die Rechte in der Hosentasche unter der leger zurückgeworfenen Toga, mitunter ein rascher Tupfer zur Brille, die unattraktiv auf die Nase vorzurutschen drohte: so präsentiert Marini weniger sein Plädoyer als sich selber. Zeitungen und Fernsehen lichten ihn gerne ab - so schön kann ein römischer Staatsanwalt sein. Bis um 13 Uhr 15 hält er auch am letzten Tag die Versammlung unter Hochdruck, dann ist es heraus: die Bulgaren sollen, nach Marini, freigesprochen werden - mangels Beweisen. Daß es keine Beweise gibt, schränkt er sofort ein, ist noch lange kein Beweis, oh nein. Denn es gibt Schuldige dafür, daß Beweise fehlen. Den Ermittlungsrichter Ilario Martella zum Beispiel, der wichtige Spuren nicht verfolgt hat. Marini selbst war, noch während des Verfahrens, in verschiedene Länder gereist, um Erkundigungen einzuziehen - eigentlich über seine Kompetenzen hinaus, denn in Italien dürfen die Ermittlungen nur vom Ermittlungsrichter, nicht aber vom anklagenden Staatsanwalt durchgeführt werden. Schuld trägt aber auch der Gerichtshof unter seinem Vorsitzenden Severino Santiapichi, der es diverse Male abgelehnt hat, neue Ermittlungen anzustellen, die Marini als höchst wichtig betrachtete.

Der Antrag auf Freispruch bekommt so etwas Skurriles. Eigentlich sollen die drei Bulgaren zur Strafe freigesprochen werden, zur Strafe für das Versagen der Justizpfleger; zur Strafe vielleicht auch dafür, daß dem Antonio Marini zu wenig geglaubt wurde.

Er sucht sich also elegant aus der Affäre zu ziehen. Die Türken schwer verurteilen, das wollen ja fast alle, auch im Ausland wird es positiv vermerkt. Die Bulgaren freisprechen - damit holt sich Marini die Intellektuellen bei, denen die östliche Piste schon immer suspekt war. Als er, mit halb gesenkter Stimme, »assoluzione per mancanza di prova« fordert, schaut er weder zum Gericht, noch zu den Geschworenen, noch in die Käfige der Gefangenen - da blickt er beifallheischend ins Publikum. Wie ein Dompteur, dessen Löwen eben Männchen gemacht haben. Freilich besteht das Publikum nur aus Advokaten und Journalisten, und die rennen sofort an die Telefone.

Aber der Moment, bis sie verdaut haben, was er gesagt hat, wird Marini wahrscheinlich ewig verklärt im Gedächtnis bleiben.

Dann aber das Wichtigste: der Hieb auf die Prozeßvorbereitung durch den Ermittlungsrichter, die Schelte gegen das Gericht - das gibt Gelegenheit, den Freispruch nicht mit eigener Überzeugung zu begründen, sondern mit einem Schuldspruch. Auf diese Weise bleibt an den Bulgaren genügend hängen, um den Prozeß nicht als überflüssig erscheinen zu lassen; gleichzeitig kann keiner den Staatsanwalt Marini der Einäugigkeit zeihen.

Und die Hauptperson, Ali Agca, die »Figur aus tausendundeiner Nacht«, wie ihn »L'Espresso« nannte? Marini hatte schon seit Beginn des Plädoyers eine wunderbare Rede auf dem Herzen, die dem Erzlügner die Maske abreißen und ihn in teilweise psychoanalytischen, teilweise soziologischen, teilweise politologischen Kategorien analysieren sollte. Formulierungen kamen da vor, die nur darauf berechnet sein konnten, Agca erneut - noch einmal, bitte, bitte - zu einem seiner phänomenalen Auftritte zu provozieren, wo er sich als Christus oder Weltende-Prophet gab. Es wäre die Krönung des Plädoyers gewesen - Marini noch einmal als Dompteur, diesmal des (bisher) unbestrittenen Hauptdarstellers.

Aber es hat nicht sollen sein. Agca glänzte seit Plädoyerbeginn - durch Abwesenheit.

(1986)

Der Weltuntergang

Italien nach dem WM-Debakel

Der Kontrast könnte größer kaum sein: nach Tagen lärmender, fahnenschwenkender Euphorie, wo man in keine Bar, keine Alimentaria gehen konnte, ohne über das Tagesthema - die Aufstellung der »Azzurri« beim nächsten WM-Spiel - mitdiskutieren zu müssen, hat sich das absolute Schweigen übers Land gebreitet. Selbst frenetische Fans schleichen nur noch schweigend durch die Gegend; Polizei und Carabinieri, sofern nach dem Debakel vom Dienstag überhaupt zu Kommentaren bereit, sprechen von der »ruhigsten Verkehrsnacht seit zwanzig Jahren«. Lediglich die Krankenhäuser hatten Hochbetrieb, vor allem die Frauenabteilungen. Aber da war man gerüstet: der Notalarm lief gegen halb zehn Uhr an, als sich die Niederlage abzeichnete. Das Ablassen der Wut am Ehegespons ist nicht erst seit heute markantes Zeichen vieler »Tifosi«.

Der Euphorie-Stopp nach dem 0:2 gegen Frankreich trifft ein Land, dessen Fußballfanatismus diesmal allenfalls von Lateinamerikanern übertroffen werden konnte - so jedenfalls kundige Beobachter. Noch nie wurden so viele National-Fahnen an Kiosken und Privathäusern gehißt, aus Autos herausgehängt. Selbst sonst eher kühle und abwägende Leute pflanzten Fähnchen mit dem Aufdruck der letzten WM-Erfolge auf ihren Fernsehapparat; Verabredungen ließen sich nur noch nach Konsultation des aktuellen Spielplans treffen. Fanatismus bis hin zum Makabren: vor den einzelnen Spielen gab es Plakate mit Todesanzeigen zu kaufen, von der Art, wie sie in Italien beim Verscheiden von Familienangehörigen an die Wände geklebt werden, schwarzer Rand, ein Kreuz, darunter der Name »Argentinia« oder, letztmals, »Francia«.

Ausgerechnet gegen Frankreich ging die WM den Bach hinunter - gegen die Mannschaft, deren Platini in Italien spielt und deren Winkelzüge man daher genau zu kennen glaubte. Aber das phantasielose Herumstehen der Altobelli und Baresi und Di Gennaro hat die Italiener kalt erwischt: die Nation war längst bei der Strategie für das nächste Treffen, gegen Brasilien. Mancher spekuliert heute gar, die Italo-Kicker seien gekauft worden.

Seriöse Tageszeitungen wie »La Repubblica« widmeten am Donnerstag die Seiten 2 bis 5 ausschließlich der Niederlage; da muß Südafrika und der Prozeß gegen die »Achille-Lauro«-Palästinenser schon zurückstehen. Wichtiger ist, was Italiens berühmte Köpfe zum Untergang sagen - und alle sagen was. FIAT-Agnelli, der Juventus Turin sponsert, findet, daß »die mittelmäßige Mannschaft auch nicht mehr verdient hat«; Manager-Kollege De Benedetti, bei Neapel im Geschäft, fühlte sich nur »rundum traurig«, Alt-Präsident Sandro Pertini gar »unglaublich mies«. Der Fraktionsvorsitzende der Christdemokraten, Rognoni, hielt »die Partie für eine Art Benefizspiel«, und der Tourismus-Minister Lagorio kann auch nur »auf eine Wiederauferstehung« hoffen. Einzig Ministerpräsident Craxi preist unverdrossen das Rezept an, mit dem er auch Craxi anpreist: »Gefehlt hat der große Regisseur im Mittelfeld, und ohne den geht eben nichts.« Natürlich hagelt es Kritiken wegen mangelnden Einsatzes charismatischer Spieler wie etwa des famosen Paolo Rossi, der in letzter Zeit zwar nie etwas gebracht hat, den der gebeutelte Trainer Enzo Bearzot, ohne Absicht, ihn auftreten zu lassen, aus Rücksicht auf die öffentliche Meinung aber mitgenommen hatte. Bearzot war denn auch der erste, der die Konsequenzen zog und, mit noch deprimierterer Miene als sonst, seinen bis 1990 laufenden Vertrag löste. Ob das für die Fußballer ein Unglück ist, mag dahingestellt sein; wer die Italiener in den letzten sechs Jahren - selbst beim Gewinn des WM-Titels 1982 - beobachtet hatte, war wohl kaum zur Überzeugung gekommen, daß er jemals eine weltmeisterschaftliche Mannschaft zusammengebaut hatte.

Aber auch das sofort ausgebrochene Gerangel um den Nachfolger bringt die Italiener derzeit nicht mehr in Fahrt; ja, zur Rückkehr der Spieler am Freitag fand sich nicht ein einziger Fan auf den Flugplätzen Rom und Mailand ein - nicht einmal mehr zum Auspfeifen reicht es. Zu abrupt ist der Faden gerissen. Eine Art nationalen Schamgefühls breitet sich aus, gefördert wohl noch durch die Tatsache, daß man ja die nächste WM in Italien ausrichten wird und damit automatisch qualifiziert ist. »Echte« Spiele mit WM-Eliminationscharakter wird es also bis dahin für die »Azzurri« nicht geben, die Rehabilitation der »Killerqualitäten« wird jahrelang nicht mehr unter Realbedingungen zu erbringen sein. Das Ritual der Gladiatorenkämpfe, das in den letzten Wochen fröhliche Urstände gefeiert hat, ist dahin. Die Menge wird ohne panem et circenses auskommen müssen. Jedenfalls bis 1990.

So schlimm wie jung?

Kinderkriminalität und Alltagsdelinquenz in Italien

Seit dem 12. Januar ist Gigetto, 13, aus Portici bei Neapel so etwas wie ein Lokalmatador. »Alle kommen zu mir mit Aufträgen«, sagt er stolz. Am 12. Januar hat die Zeitschrift »Panorama« eine Reportage (»500000 Lire Kopfgeld«) über jugendliche Killer veröffentlicht und dabei Gigetto als Musterbeispiel genannt. »Das Problem ist nur«, stellt er fest, »daß jetzt ständig welche kommen, die meinen, sie seien noch besser als ich.« Schon der dritte Junge, den ich am Marktplatz vor der PCI-Parteisektion »Xenia Sereni« anspreche, weiß, wo man Gigetto finden kann (für zehntausend Lire, versteht sich). Die Promptheit (denn in »Panorama« war nur Neapel allgemein als »Standort« angegeben) und auch der Augenschein stimmen allerdings eher skeptisch: klein, rundlich, dunkel soll Gigetto sein; dunkel ist er, aber sonst eher hochgeschossen-schlaksig. Er bemerkt meine Zweifel, deutet auf seine Hosen: sie sind sehr kurz, und sein Spitzname ist laut »Panorama« denn auch »acqua alta«, »Hochwasser«. Und noch ein Beweis: eine P38-Pistole schafft er innerhalb weniger Minuten herbei. Er trifft eine Weinflasche auf zehn Meter, auf fünf sogar aus der Hüfte.
Egal, ob er nun der Original-Gigetto ist oder sich die Gigettos vervielfacht haben. Seine »Karriere« ist jedenfalls typisch für einen Vertreter der Jugenddelinquenz, derentwegen sich Italien derzeit mächtig sorgt (»So schlimm wie jung«, murrte »L'Espresso«). Gigetto begann mit zehn. Da riß er, vom Vespa-Rücksitz aus, Frauen die Handtaschen weg; einmal direkt vor der Nase eines Polizisten, der ihn daraufhin festnahm - »merda«, »Scheiße«, ekelt sich Gigetto immer noch in Erinnerung an die Berührung. Der Vater wurde, laut Gigetto, von der Polizei erschossen; später erfahre ich, daß es ein Gefecht zwischen rivalisierenden Clans war. Vier Brüder, drei Schwestern und die Mutter leben in einer feuchten Zweizimmerwohnung. Nur eine Schwester hat, als Lehrerin, Arbeit; ein Bruder sitzt im Gefängnis, ein anderer »schützt« eine illegale Lottostelle. »Mit dem Lotto ist das so«, erläutert Gigetto, »wir nehmen die Zahlen von der staatlichen Ziehung; gewettet wird bei uns. Am Tag danach kriegt man den Gewinn, in bar und ohne Steuerabzug. Beim Staat dauert es Monate.« Gigettos erster »größerer« Auftrag bestand in der Ausschaltung eines Lottoschein-Fälschers, er schoß ihm in die Beine »und weg war er«.
Ist es für ihn kein Problem, auf Menschen zu schießen? »Ich kenn sie ja nicht. Wenn mir meine Leute sagen, daß das ein schlimmer Mensch ist, der uns gefährlich wird? Und wenn die Leute, die mir das sagen, immer gut zu mir waren?« Hat er Idole? Hat er. Aber weder Rambo noch John Wayne noch einen der Camorra-Bosse. Es ist Alain Delon, den er im »eiskalten Engel« gesehen hat. »Da hab ich richtig geflennt«, sagt er.
Die Jugendkriminalität ist in Italien im letzten Jahr insgesamt um 10 Prozent zurückgegangen, dagegen sind die schweren Verbrechen Jugendlicher, wie Raub, Körperverletzung und Mord, um 15 Prozent gestiegen. Auch bei noch nicht Strafmündigen. Alleine in Rom hat die Polizei 1985 fünfzehn Lohn-Killer unter 14 Jahren festgenommen, in Mailand nur einen weniger; in Neapel werden täglich mehr als 150 Halbwüchsige bei Delikten ertappt. Ein Großteil davon gehört zu den »spontanen« Tätern, die mal was mitgehen lassen oder jemanden zusammenschlagen. Aber immer mehr wird, zumindest in den Großstädten, auch die Einbindung ins organisierte Verbrechen zum Problem. Der Camorra-Boss Raffaele Cutolo soll 1978 auf die Idee verfallen

sein, noch nicht strafmündige Jungen zu Gangstern und Killern richtiggehend auszubilden (Prämie pro Mord: 500000 Lire). Der Attentäter, der 1985 den Schnellzug Neapel-Mailand sprengte, war 17 Jahre alt und von Camorra-Leuten gedungen (er wurde kurz danach selbst ermordet).

Vor dem Jugendgefängnis Filangieri in Neapel treffe ich Mariagrazia, die ihren Bruder Giangiacomo abholt. Er hat ein Jahr gesessen, wegen Straßenraubs - bereits seine dritte Strafe. »Im Mai wird er achtzehn«, sagt Mariagrazia, »dann geben sie ihm für dieselbe Sache fünf Jahre. Ist das vielleicht Gerechtigkeit? Er muß jetzt sehr aufpassen.« Aufpassen worauf? »Daß sie ihn nicht wieder fassen.« Und einfach nicht mehr klauen? »Ja, das soll er, das muß er. Nur: wie kriegt er eine Stelle ohne Empfehlungsschreiben? Und wenn er eines hat, dann wollen die auch bald irgendwelche ‚Gefälligkeiten', und er sitzt wieder. Und endet bei einer Bande.«

Der Schritt vom kleinen Gauner, dem jeder das Klauen nachsieht, bis zum festen Mitglied einer Bande ist nicht allzu groß. Wer sich durch Mut und Schlauheit empfiehlt, hat da keine Probleme.

Mariagrazias Giangiacomo kommt aus der Tür, stutzt bei meinem Anblick und zieht seine Schwester fort; drei Minuten später läuft er mir aber nach, als ich ins Auto einsteige. Er hat gehört, daß ich ausländischer Reporter bin. »Und?« fragt er, »Was hälst du nun von mir?« Er macht mich unsicher, weil ich nicht weiß, worauf er hinaus will. Also lade ich ihn zu einem Espresso ein. »Was meinst du, warum ich gesessen habe?« Ich weiß es ja, er ist ein »scippatore«, ein Straßenräuber. »Und warum tu ich das wohl?« Ich bereite mich auf die Geschichte mit dem Hunger und der Not und den bösen Polizisten vor. Nichts da. »Weil es die Art ist, wie wir hier leben«, sagt er, »weil es alle tun.« Ich kann nicht glauben, daß alle hier klauen, rauben, Gewalt anwenden. »Oh doch«, beharrt er, »vielleicht nicht auf der Straße, aber im Büro, im Amt, im Geschäft. Ich habe kein Geschäft, bin kein Beamter, ich habe nur meine Hände und meinen Kopf. Und manchmal klaue ich eine Vespa, und mit der geklauten Vespa klaue ich reichen Weibern die Tasche. Wenn du mal sehen würdest, was die alles da drin haben!«

Giangiacomo gehört nicht zu den »Organisierten«, er arbeitet auf eigene Faust. Allerdings nicht ohne Erlaubnis. Er muß an einen Clan monatlich eine Art »Straßenmiete« bezahlen, damit er dort rauben darf. Eine Vorform des Organisiertseins, Giangiacomo weiß das. Hat er irgend etwas, worauf er hinlebt, ein Ziel, eine Idee? »Überleben«, sagt er, aber es klingt nicht so altklug, wie es sich liest. »Und irgendwann auswandern, wenn es wieder besser geht, ins Ausland.« Politik, was hält er davon? Pertini hat ihm einmal gefallen, als der gesagt hat, daß die Jugend gut und die Umgebung an allem schuld ist. Sonst ist Politik ziemlich beschissen, alles Gauner und Gangster, »sollte man einsperren«.

Giangiacomos Eltern kommen besorgt an, weil Sohn und Tochter längst zuhause sein sollten. Der Vater ist Bauarbeiter mit Gelegenheitsaufträgen, die Mutter putzt bei einem Rechtsanwalt. Zwei der insgesamt vier Kinder haben Arbeit, »Gottseidank, und keines davon ist drogensüchtig«, sagt die Mutter stolz. Verständlich, denn im Quartier Poggioreale, wo sie wohnen, ist jeder zweite Jugendliche rauschgiftabhängig. Die Straftaten des Sohnes? »Die sollen nur den Mund halten«, schimpft der Vater, ohne genauer zu sagen, wer »die« sind, »und sie sollen unseren Kindern Arbeit geben. Klugscheißen können sie, über Gesetz und Ordnung. Und wer achtet unser Gesetz und unsere Ordnung hier?« Meine Nachfrage bringt ihn freilich noch

mehr in Rage: »Welche Ordnung? Unsere Ordnung! Die ist vielleicht nicht aufgeschrieben und nicht so fein, daß man damit Prozesse veranstalten kann. Aber sie stimmt wenigstens: daß man Arbeit hat; daß man für seine Arbeit den gerechten Lohn kriegt; daß man nicht von den Reichen aus dem Haus geworfen wird; daß man seine Kinder in Ruhe großziehen kann; daß man nicht hungern muß. Reicht das?«
Es reicht.
(1986)

Die Beichtorgie

Aus dem Gefängnis von Avellino kam der Ruf, erhört wurde er im fünfzig Kilometer entfernten Acerra: den Gangster-Boss Raffaele Cutolo, Oberhaupt der größten Camorra-Organisation Italiens, drängte es, ausgerechnet beim eingefleischten Camorra-Feind, dem Bischof Don Antonio Riboldi, zu Ostern die Beichte abzulegen. Der konnte sich, als guter Seelenhirte, dem Cutolo'schen Bedürfnis natürlich nicht entziehen. Heraus kamen, nach Cutolos Worten, »die drei schönsten Stunden meines Lebens«; beide gemeinsam »beten nun für den Frieden«. Mittlerweile haben sich ein paarhundert weitere Camorristen gemeldet, die auch drei schöne Stunden verleben wollen.

Sicher ist, daß Cutolo damit den Herrn Bischof ausgeschaltet hat, wird er doch nun, mit Fug und Recht, jede Denunziation camorristischer Untaten seitens Don Riboldi als Bruch des Beichtgeheimnisses monieren können. Friede also zwischen der Unter- und der Oberwelt.

Doch vielleicht ist die Perspektive gar nicht so trist. Vielleicht lassen sich solche drei Stunden auch anderwärts einführen und zum Friedensschluß nutzen? Jaruszelsky beichtet bei Johannes Paul II., Kohl bei Schily, Chirac bei Mitterand, Gorbatschow bei Reagan... Und alle, alle müßten danach von den »schönsten Stunden ihres Lebens« und der »aufregendsten Erfahrung ihrer Laufbahn« sprechen und Frieden schließen. Vielleicht hat Camorra-Chef Cutolo damit - neben gewissen diabolischen Erfindungen, wie Kopfabschneiden bei Racheakten, Abrichten Zwölfjähriger zu Killern und einem früheren Todesurteil für Don Riboldi - der Menschheit doch auch noch einen ewigen Dienst erwiesen.

(1986)

»Aus« für die römische Kulturpolitik?

Interview mit dem scheidenden Kulturdezernenten
der Stadt Rom, Renato Nicolini

Bei der Wahl des Staatspräsidenten, wo er als Abgeordneter mitzustimmen hatte, fiel er, wie der staatliche Rundfunk RAI naserümpfend anmerkte, »wie immer durch extravagante Kleidung auf: ein offenes hellblaues Jackett, wo ansonsten alle Dunkelgrau trugen«. In der nächtlichen Talkshow »Quelli della notte« hatte er sich auf die eine Schulter amerikanische Dollar-Noten, auf die andere Sichel und Hammer geklebt, »als Symbol der Vermittlung«, wie er sagte. In seinem Amtszimmer hängen, neben dem obligatorischen Staatspräsidentenbild, links ein Lenin-Poster, rechts eins von Mao. Und wenn er sich fotografieren läßt, zieht er eine runde Nickelbrille heraus, »damit ich wenigstens ein wenig intellektuell aussehe«. Da aber im Gestell keine Gläser sind, schiebt er gerne seinen linken Zeigefinger durch das Loch: Renato Nicolini, 43, promovierter Architekt, eine Art »enfant terrible« des italienischen Kulturbetriebs, seit der Übernahme der römischen Stadtverwaltung durch eine Linkskoalition 1976 Kulturdezernent der italienischen Hauptstadt. Stets umstritten bei seinen Initiativen, zählt er gleichwohl zu den anerkanntesten Organisatoren kultureller Veranstaltungen und Begegnungen, die die Kunst, die Musik, die Wissenschaft aus dem »Palazzi« herauszuholen und unters Volk zu bringen versuchten. Weltbekannt ist der seit 1977 durchgeführte »römische Sommer«, ein Insgesamt vieler Hunderter von Theaterveranstaltungen, Konzerten, Filmvorführungen, Diskussionen und Straßenfesten - die wohl originellste Nicolini-Schöpfung, dazu bestimmt, in den früher sommerlich ausgestorbenen römischen Straßen und Piazze auch in der heißen Jahreszeit Angebote zu machen; mit einem Riesenerfolg, wie die mehr als eine halbe Million Teilnehmer Jahr für Jahr zeigen. Manch einer sieht die Zweckentfremdung hehrer Stätte allerdings nicht so begeistert. Als im Sommer 1984 das altehrwürdige Colosseum mit einer Ausstellung »Ökonomie zwischen den Weltkriegen« belegt wurde, hagelte es Proteste der Denkmalschützer; und als im »römischen Sommer« 1985 das Universitätsgelände einbezogen werden sollte, weigerten sich die Professoren, da mitzumachen.
Bei den Kommunalwahlen im Mai 1985 verlor die Linkskoalition ihre Mehrheit, und Nicolini räumt im Juli seinen Posten. Aus diesem Anlaß entstand das nachstehende Interview mit ihm.

FRAGE: *Wie unterscheidet sich die Kulturpolitik in Rom seit Ihrem Amtsantritt von der Politik der fünfziger und sechziger Jahre?*

NICOLINI: Eine mögliche Antwort ist schlicht die: in den fünfziger und sechziger Jahren gab es überhaupt keine Kulturpolitik. Natürlich ist das auch eine Art Politik. Die christdemokratischen Administrationen, die Rom bis 1976 verwaltet haben - und die, ich muß natürlich sagen, leider, jetzt nach den Wahlen wieder zum Zug kommen - haben einfach nicht in die Kultur eingegriffen, die Kultur nicht aktiv und kreativ zu gestalten versucht. Das Kapitol, das römische Rathaus, wurde so zum Synonym für die Subvention zweit- und drittrangiger Ausstellungen, von Interessenverteilungen - wobei leider auch die Kommunistische Partei mitgemacht hat. Im renommierten Palazzo Braschi haben einander mittelmäßige Maler, protegiert durch irgendwelche Stadträte, abgelöst, ansonsten gab es kaum renommierte und zum Renommee der Stadt beitragende Veranstaltungen. Meine Politik, die Politik, die wir hier seit 1976 betrieben haben, bestand nun darin, daß die öffentliche Hand aktiv mitgestaltet. Wobei es uns immer darum ging, mit möglichst geringen finanziellen Mitteln möglichst breite Schichten, am besten die gesamte Stadt, und in der Saison den größten Teil der Fremden dazu, anzusprechen. So haben wir zum Beispiel seit Ende der siebziger Jahre den »Massenzio« veranstaltet, diese große Abfolge öffentlicher Filmvorführungen auf dem Gelände des Circus maximus, unterhalb der Kaiserburgen. Das hat die Kommune gerade zehn Millionen (damals umgerechnet 22000 DM) gekostet. Das mittlerweile berühmte internationale Dichterfestival von Castelporziano hat 35 Millionen (80000 DM) gekostet. Der Ball zum Jahreswechsel 1983, den wir im »Tunnel« veranstaltet haben, hat mit 47 Millionen (87000 DM) zu Buche geschlagen: Ausgaben, mit denen man heute nicht mal eine mittelmäßige Fernsehshow produzieren kann. Und dabei waren dies Ereignisse, an denen Zehntausende teilgenommen haben.

FRAGE: *Konnte man solche Initiativen so einfach aus dem Boden stampfen?*

NICOLINI: Natürlich nicht. Aber sehen Sie: es gab schon eine Unzahl Initiativen in den Stadtteilen, wie etwa experimentelle Theater oder Filmclubs, die man nur einladen mußte, ihre Ideen zu verwirklichen. Wie gesagt, da war niemals viel Geld vonnöten, lediglich das Bereitstellen von Gelegenheiten. Die Kommune verstand sich nun immer mehr als eine Art Vermittler zwischen den Künstlern, den Kreativen, den Kulturschaffenden und dem Publikum, in einer Stadt, die offenbar sozusagen danach dürstete, solche Begegnungen angeboten zu bekommen. Wobei ich sagen muß, daß wir den Gruppen niemals in ihre Programme hineingeredet haben. Natürlich gab es ab und zu unrealisierbare Vorschläge und abstruse, nichtakzeptable Einfälle; aber das waren nur wenige. In der großen Mehrheit war fast alles so faszinierend, daß man getrost grünes Licht geben konnte.

FRAGE: *Nun ist Rom ja eine Stadt, die insbesondere durch ihre antiken und frühneuzeitlichen Kunstschätze viele Fremde anzieht. Konnte man das irgendwie mit der quirligen Aktivität verbinden, die Sie da schildern?*

NICOLINI: Und ob. Denn es handelt sich ja gerade darum, die antiken Stätten wieder mit Leben, mit dem Leben von heute, zu erfüllen. Rom ist eine herrliche Stadt, hat unzählige wunderbare Plätze, unendlich viele Kunstwerke, an jeder Ecke und in jedem Haus sozusagen, es wohnen Tausende von Künstlern, Schriftstellern, Wissenschaftlern aus aller Welt hier. Aber all diese Zeugnisse von Kultur und Schaffen haben ja nur eine Funktion, wenn sie von den Mitmenschen akzeptiert und verstanden werden. Das heißt, es genügt nicht, daß die Leute Bücher schreiben, die Maler ihre Bilder produzieren, die Musiker ihre Konzerte geben: die Bücher sollen gelesen, die Bilder gesehen, die Konzerte gehört werden - und zwar nicht in abgelegenen oder der Öffentlichkeit verschlossenen exklusiven Zirkeln oder hehren Palazzi, wo die Masse schon aus Schwellenangst nicht hineingeht. Nein, man muß eben unmittelbare Begegnungsstätten zwischen den Schreibern und Malern auf der einen Seite und den Lesern und Beschauern oder Hörern auf der anderen schaffen.

FRAGE: *Aber wie haben Sie das gemacht? Genügen da einfache Appelle, nun lest mal schön oder guckt mal schön die Bilder an?*

NICOLINI: Natürlich reicht das nicht. Man muß ständig Neugierde wecken. Wir haben das getan durch Aktionen, die an Namen oder Vorgänge anknüpfen, die der breiten Masse bekannt sind. Unsere Filmfestivals im Sommer z. B. haben wir Ende der siebziger Jahre mit einer großen Hitchcock-Retrospektive begonnen. Hatten sich die Leute erstmal an solche Vorführungen inmitten der antiken Ruinen gewöhnt, waren sie eben auch bereit, sich mal was anderes anzuschauen, in komplizierte Thematiken einzusteigen und so fort. Oder wir haben, teils in eigenen Publikationsorganen, teils in der regulären Presse, für Artikel gesorgt, die diese Neugierde wekken konnten, etwa durch Berichterstattung über Vorgänge auch in den entlegensten Winkeln und den kulturell früher stets vernachlässigten Stadtteilen. Unser Anliegen war, einerseits die sogenannte »große«Kunst unters Volk zu bringen, andererseits die Leute selbst zum Kulturschaffen anzuregen. Und das ist, glaube ich, auch gelungen.

FRAGE: *Welches waren die ehrgeizigsten Projekte, die sie hatten?*

NICOLINI: Das ehrgeizigste Projekt konnten wir am Ende leider nicht realisieren. Sehen Sie, Rom ist eine Stadt, die sozusagen wildwüchsig expandiert hat - nach innen wie nach außen. In Paris wurde im vorigen Jahrhundert die Stadt durch Haussmann völlig neu gestaltet (worüber sich Baudelaire aufgeregt hat; heute gilt uns der Boulevard als Zeugnis der Architektur des letzten Jahrhunderts). Ebenso in Wien, wo der »Ring« zerstört, dafür aber Platz für moderne Stadtbebauung geschaffen wurde. In Rom gab es das nicht. Wir wollten nun einerseits die antiken Stätten zwischen Colosseum, Traiansmärkten und dem Kapitol zu einer reinen archäologischen Zone machen, die von Mussolini als Triumphstraße gebaute Via dei Fori imperiali einengen und sozusagen an den Flanken der Antike mit dem Bau eines modernen Stadtkerns beginnen. Dieses Projekt konnten wir auch vor allem deshalb nicht realisieren, weil uns die staatlichen Gelder immer häufiger verweigert wurden - die nationale Regierung ist unserer römischen Administration nicht gerade hold. Auch so wird eben Kulturpolitik gemacht.

FRAGE: *In Neapel wurden, nach dem Sturz der Linkskoalition, vom neuen christdemokratischen Kulturreferenten alle (von ihm verächtlich als »Kirmessen« bezeichneten) Volkskunstförderungen eingestellt. Droht dies, nach der politischen Wende, auch in Rom?*

NICOLINI: Es ist zu fürchten. Die meisten von uns initiierten Projekte finanzieren sich mittlerweile allerdings selbst oder können von Sponsoren getragen werden. Na, vielleicht heißt es dann eben nicht mehr »gefördert vom Kulturdezernat in Rom«, sondern »Römischer Sommer, veranstaltet von Coca-Cola«. Ganz eliminieren kann man jedoch das, was in den letzten acht Jahren gewachsen ist, glaube ich, nun doch nicht mehr.
(1985)

Italiens Winter - das schönste Chaos der Welt

Voriges Jahr kam der Schnee bis Rom und blieb, gegen seine Gewohnheit, vierzehn Tage, begleitet von dort als sibirisch eingeschätzten sieben Grad minus. Vor zwei Jahren war es eine Sturmflut, die Strandbungalows abrutschen ließ und küstennah geparkte Autos verschlang. Diesmal sind es gewaltige Regenfälle in Mittelitalien und Schneegestöber im Norden, die die italienische Ansicht bestärken, daß das Wetter auch nicht mehr das ist, was es einmal war: etwas unzuverlässig im Winter, aber, bitteschön, nach zwei Stunden Niederschlag wieder zur Sonne neigend.
Vier Tage hat es gestürmt und fast ununterbrochen geblitzt. Der Tiber schwoll von normalen zweieinhalb auf dreizehn Meter an, im Norden kam über ein Meter Schnee, der Verkehr war paralysiert. Die Schüler bekamen frei (nur nicht in Sizilien - dort hat es seit September erst zweimal geregnet), und die Behörden hatten endlich eine Ausrede für ihr Nichtstun, die jeder akzeptierte. »Das schönste Chaos der Welt«, schwärmte mir ein Bürochef vor.
Die Behauptung, daß das Chaos auf die »anhaltenden« Niederschläge zurückzuführen sei, ist allerdings Ideologie. Denn in Rom und den meisten anderen Städten braucht man nichts »Anhaltendes«, um die Straßen im Wasser versinken zu lassen; es genügen zehn Minuten kräftiger Regen. Die Gullis haben hier fast alle die merkwürdige Eigenschaft, bei Wasserandrang Flüssigkeit nicht aufzunehmen, sondern auszuspeien - dafür versinkt an Hydranten gurgelnd manch reißender Strom im Untergrund. Auch der Kanalisation hat hier noch niemand beigebracht, daß sie für den Abzug überflüssiger Nässe zu sorgen hat und nicht für deren Vermehrung. Im Nu vermischen sich Brunnen- und Abwasser, oft noch verstärkt durch bergabwärts ziehende Lehmschichten, deren Tiefe beim Durchwaten immer wieder fröhliche Überraschungen bietet.
Ruhender Punkt im Chaos: das vor einigen Jahren geschaffene »Ministerium für Zivilschutz«. Dort bewältigt man die Situation mit Hinweisen auf die von Jahr zu Jahr verbesserten Maßnahmen gegen alle Unbill. Voriges Jahr z. B. wurden in Rom vier Schneepflüge gekauft, weil es bis dato nur einen dort gab.
Schade, daß es heuer nicht schneit in Rom.
(1986)

»Das Geld ist da. Fehlt nur der Mut.«

Italien diskutiert einen neuen Architektur-Gigantismus

Das Verdikt war total. »Man kann es drehen und wenden, wie man will«, befand der angesehene Soziologe Francesco Alberoni in der Tageszeitung »La Repubblica«, »aber in den letzten zwanzig Jahren ist es nicht an einer einzigen Stelle Italiens gelungen, eine den modernen Bedürfnissen von Regierung und Verwaltung, von Handel und Finanz, von Forschung und Lehre angemessene Architektur zu entwikkeln.« Sieht man einmal von den paartausend Kilometern Autostrade ab, so Alberoni, so kann man sogar sagen, daß seit Kriegsende in Italien nichts mehr gebaut wurde, was sich tatsächlich an den aktuellen Anforderungen ausgerichtet hat (»Und selbst die Autobahnen sind heute schon veraltet und viel zu eng«).

Den Italienern fehle es aber nicht nur an funktionellen Leitungszentren - nirgendwo drücke sich die Demokratie baulich aus, und das sei, nach Alberoni, schon beschämend. »Es sei denn, man will es als Signet der Demokratie ansehen, daß, statt großzügiger Städteplaner, Millionen Häuslebauer und kleine Bürokraten ihre Dreizimmer-Bungalows oder Vierzig-Mann-Verwaltungsgebäude irgendwann irgendwo hingestellt haben, wo gerade freier Raum vorhanden war.«

Der Artikel war ein Stich ins Wespennest. Zu Hunderten meldeten sich Architekten und Urbanistiker, Gewerkschaftler und Politiker zu Wort. Und schnell geriet die Diskussion in die übliche Uferlosigkeit, so, als ob nun durch den Hebel der Architektur alle Probleme, von der Arbeitslosigkeit über die Inflation bis hin zur Drogenkriminalität, gelöst werden könnten.

Einig war man sich allenfalls noch darin, daß es in Italien bisher nirgendwo Projekte gebe, die mit den monströsen Bauten des faschistischen Chef-Planers Piacentini, der in Mailand den »Palazzo di Giustizia« und in Rom die riesige »Città universitaria« entworfen hatte, wetteifern oder sich mit der weiträumigen Repräsentativ-Gestaltung des E. U. R. im Süden Roms messen könnten. Das E. U. R., einst zur Weltausstellung 1940 hochgezogen, wurde, als die Weltausstellung wegen Krieges ausfiel, nach dem Krieg komplettiert. Aber - und schon meldeten sich die gezausten Architekten - es sei doch allerhand im Entstehen, was zu baulichen Dokumenten des späten 20. Jahrhunderts werden und gleichzeitig eine Unmenge von Funktionen im Dienste des Bürgers und zugunsten der Beseitigung gesellschaftlicher Defizite leisten könne. Etwa in Neapel.

Dort entsteht, auf 110 Hektar Fläche, im östlichen Stadtteil Poggioreale ein »Centro diregionale«. Entworfen wurde es von dem japanischen Architekten Kenzo Tange. Die Grundidee, so Tange, sei dabei »die absolute Trennung von Fußgängern und Autoverkehr, um in dieser von Hektik und Kriminalität bestimmten Stadt einen Ort der Begegnung zu schaffen«. Etwa die Hälfte des Areals soll Grünfläche werde oder dem Sport zugute kommen. Drei Achsen durchziehen den Komplex. Die »grüne Achse« weist sich durch Cafés, Restaurants, Läden und Zugänge zu den unterirdischen Garagen aus, die »zentrale Achse« nimmt Büros, Hotels und Zugänge zum Bahnverbundsnetz auf, die dritte Achse ist dem Sport und der Freizeit gewidmet.

Bislang ist aus dem steinig-sandigen Untergrund allerdings nur Beton und Glas emporgewachsen, mehr oder weniger schlanke Wolkenkratzer in großer Dichte und unterschiedlicher Höhe (bis zu 30 Etagen hoch). Ein seltsamer Kontrast zur Bauweise des im wenige Kilometer westlich entstehenden Vororts Neu-Pozzuoli, wo man,

wegen der im Neapolitanischen ständig zu gewärtigenden Erdbeben (zuletzt 1980 und 1983), ausdrücklich auf Häuser von mehr als drei Stockwerken verzichtet.
Was am bisher entstandenen Teil des »Centro diregionale« auffällt, sind die Anleihen aus den ultramodernen Teilen von Paris - neben Stahl und Beton vor allem Glas. Glas in allen Formen, vor allem aber geschrägt und gerundet: das vor den Wolkenkratzern liegende Einkaufszentrum wird von einem an das »Centre Pompidou« erinnernden Glaswulst überdacht, einzelne Gestaltungselemente erinnern auch an die halb unterirdischen Ladenpassagen der Gegend um die einstigen »Hallen«.
Wenn das Projekt einmal fertig ist, wird es täglich an die dreißigtausend Angestellte, Beamte und Verkäufer aufnehmen können - können, denn so sicher ist es nicht, ob das alles funktioniert. Schon einmal, in den fünfziger Jahren, versuchte man in Bahnhofsnähe Administration und Kommerz, Einzelhandel und Verkehrszentrum zusammenzufassen; vergebens. Die Neapolitaner bevorzugten ihre alten, im unteren Stadtviertel und nahe am Hafen gelegenen Kommunikations- und Handelsplätze, bauten lieber, für viel Geld, uralte und von außen eher verfallen wirkende Vierstock-Palazzi innen zu modernen Management-Zentralen oder wahren Wohn-Kleinodien aus, als daß sie in die neuen Hochhäuser zogen. Das höchste davon steht seit Jahren leer - selbst die zwangsweise da hinein verlegten Behörden sind längst wieder auf und davon. »Es war eine Totgeburt«, resümierte der Bologneser Architekt Cervellatti, »weil man den Bedürfnissen der Menschen nicht Rechnung trug.« Cervellatti zog, in den sechziger Jahren, für seine Stadt die Konsequenzen aus dem »neapolitanischen Desaster« und sanierte die Altstadt, indem er die vorhandenen Häuser, bis auf wenige Ausnahmen, beließ und geschickt Büroetagen mit Wohnmöglichkeiten mischte, infrastrukturelle Akzente setzte und Begegnungsstätten schuf. Ein Modell, das, in etwas anderem Gewande, der römische Kulturdezernent (und Architekt) Renato Nicolini auch für die Hauptstadt vorantrieb. Zwischen Forum, dem Kapitol und den Trajansmärkten sollte eine reine Fußgänger- und Kulturzone entstehen (die da hindurch führende, von Mussolini gebaute Triumphstraße »Via dei fori imperiali« sollte dazu abgetragen werden), und rundherum sollten in den vorhandenen Häusern moderne Verwaltungs- und Regierungszentren, ebenso wie Einkaufspassagen und Hotels, entstehen. Nach dem Wahlsieg der Konservativen, 1985, fürchtet Nicolini allerdings, daß »diese sich lieber ein Denkmal in Glas und Beton setzen werden, obwohl es doch auf der Hand liegt, daß die Vernichtung von vorhandenem bebauten Raum nicht nur eine Schande, sondern auch ganz unökonomisch ist«.
Gerade darin sieht Francesco Alberoni aber die »Mediokrität« der italienischen Städteplaner: »Sie haben nicht den Mut, etwas abzureißen, Neues zu schaffen. Geld wäre genug da. So fehlt z. B. in Mailand, unbestritten einer der größten Finanzplätze der Welt, ein angemessenes Börsenzentrum ebenso wie ein funktionaler Verwaltungssitz, eine attraktive Universität oder eine große Bibliothek. Dazu braucht man Wolkenkratzer und nicht aneinandergereihte Palazzi.«
Schützenhilfe bekommt Alberoni von kompetenter Seite. Paolo Portoghesi, selbst Architekt, derzeit Direktor der Biennale in Venedig, findet, »daß die Arbeiten italienischer Architekten in der ganzen Welt geschätzt sind; aber was unsere Heimat angeht, so stehen diese Bauwerke bisher grundsätzlich nur auf dem Papier«. »Kein Wunder«, hält der Architektur-Kritiker Vittorio Gregotti dagegen, »nach der Besessenheit im Gigantismus, den die Faschisten gezeigt haben, gab es wohl Gründe für die Aussetzung aller architektonischen ‚Großtaten'.« Und sein Kollege Renzo

Piano, im Ausland hochgeschätzter Stadtteilplaner, meint, daß »Wolkenkratzer, Autobahnen und Riesenbrücken Kulturmodelle eher des 19. als des 20. Jahrhunderts symbolisieren. Heute geht es nicht mehr um immer größere, höhere, spektakulärere Bauten, sondern um das Innenleben der Architektur, um das, was man gar nicht sieht. Die Wissenschaftskultur unserer Tage blickt nicht auf den Eiffelturm, sondern auf den Mikrochip. Und für eine Bibliothek brauchen wir kein dreißiggeschossiges Betonungetüm, sondern ein funktionables und funktionierendes Kommunikationssystem mit Lesegeräten und Speicherkapazitäten im Elektronikraum«.
Vorstellungen und Kontroversen, wie sie natürlich nicht nur in Italien an der Tagesordnung sind. Aber in Italien beginnt sich die Waagschale derzeit deutlich zugunsten des Gigantismus zu neigen. Neapel ist nicht das einzige Beispiel. In Mailand hat schon vor Jahren die Planung eines riesigen (auf 300 000 Quadratmeter Fläche erstellten) Börsen- und Verkehrszentrum begonnen, und das Projekt wird nun in immer größerer Eile vorangetrieben. Hier sollen nicht nur die Hochfinanz und große Teile der Administration Platz finden, vielmehr wird hier, unterirdisch, das gesamte Schienen-Verkehrsnetz der Region aneinandergebunden; und darüber, im Freien, soll auch noch ein Freizeit- und Sportpark, durchsetzt mit Hotels und Vergnügungsangeboten, entstehen. Da das ganze im Norden der Stadt - zwischen Stazione Garibaldi und der Piazza della Repubblica - erbaut wird, bedeutet es eine deutliche Verlagerung der wichtigen Schaltzentralen aus den bisher bevorzugten »historischen« Zonen. Für die beiden Chefplaner Empio Malara und Alessandro Morelli ist diese Plazierung »die einzige Möglichkeit, dieser übernervösen Stadt wieder einigermaßen Ruhe zu verschaffen, bei gesteigerter Effektivität im Geschäftsleben und in der Verwaltung«.
In Genua ist man etwas bescheidener - aber nur etwas. Hier entsteht, nahe des Bahnhofs Brignole, der Corte Lambruschini, entworfen vom Trio Cambacciani-Ciruzzi-Garibaldi, die schon einige Außenviertel gestaltet haben. Zwei sechseckige Wolkenkratzer, jeweils neunzig Meter hoch, sollen einen Verwaltungs- und Einkaufspark eingrenzen, und am Stadtrand ist ein weiterer reiner Betonsilo geplant, wo, neben einem Hochhaus von über einhundert Metern, auch Platz für 5000 Autos geschaffen wird.
Und dann ist da noch ein Projekt, das immer dann unweigerlich auftritt, wenn es in Italien um Gigantisches geht: die seit Jahrtausenden ausgedachte und nie zu Dauer gewordene Brücke zwischen dem Festland und Sizilien. Bislang gab es sie erst ein einziges Mal in der Geschichte - der Konsul Cecilio Metello baute 251 v. Chr. eine Pontonbrücke über die Landenge zwischen »Scylla« und »Charybdis«, um die 104 von Hannibal erbeuteten Elefanten zum Triumphzug nach Rom bringen zu können. Seither gab es Hunderte von Plänen, aber keiner wurde ausgeführt. Nun haben die Regierung und der Präsident des größten italienischen Staats-Konzerns IRI, Romano Prodi, fest versprochen: »Wir bauen sie.«
Wie, das weiß allerdings noch niemand. Drei Varianten sind derzeit von einer Kommission, die schon seit Jahren über dreihundert Wissenschaftler ernährt, ins Auge gefaßt: eine riesige Hängebrücke, 81 Meter über Meeresniveau, 3330 Meter lang und 60 Meter breit, gehalten von zwei 380 Meter hohen Pfeilern; da sollen vier Autospuren und zwei Eisenbahngeleise Platz haben. Die zweite Variante ist gar keine Brükke, sondern ein Tunnel unter dem Meer hindurch, in gut 180 Metern Tiefe. Die dritte und originellste Möglichkeit wurde schon 1971 von Ulrich Finsterwalter entwickelt

und wird im Volksmund »U-Boot«-Brücke genannt - eine riesige Röhre, die am Festland überirdisch liegt und im Wasser etwa 70 bis 80 Meter unter der Oberfläche hängt. Dieser Variante werden durchaus Chancen eingeräumt (obwohl man da schwerlich auch noch Zuggeleise unterbringen kann). Die Hängebrücke in luftiger Höhe würde bei frischem Wind oder ungünstiger Verkehrslage bis zu zehn Meter hin- und herschwanken, der Tunnel aber wäre zu teuer.
Projekte also genug, um der Demokratie, wie Alberoni fordert, einen »architektonischen Ausdruck ihres Selbstbewußtseins« zu verschaffen, wenn denn baulicher Gigantismus ein Symbol dafür sein kann.
Was aber steckt hinter diesem neuen Hang zum Monströsen und der deutlichen Bereitschaft, vor allem nach außen zu bauen, zur Demonstration des Machbaren, in Höhe und Breite und mit glitzernden, protzigen Fassaden?
Vor allem ist da wohl die Tatsache, daß sich in Italien seit ein paar Jahren ein deutliches »Wir-sind-wieder-wer«-Gefühl ausbreitet. Dazu tragen nicht nur sportliche Erfolge, wie die Fußballweltmeisterschaft 1982, oder ehrenvolle Auszeichnungen, wie der Nobelpreis für heimische Wissenschaftler, bei; es ist vor allem die wirtschaftliche und politische Entwicklung, die zumindest im »Palazzo« (seit Pasolini das Symbol für das Herrschaftskartell und die Vasallen der Macht) ein neues und mittlerweile zur Übersteigerung neigendes Selbstbewußtsein fördert.
Die Depression, die Italien seit dem Beginn der sechziger Jahre befallen und mehr als zwei Jahrzehnte nicht losgelassen hat, scheint überwunden, zumindest erfolgreich übertüncht und psychologisch verdrängt. Die Regierung unter dem Sozialisten Craxi (eine Koalition aus Christdemokraten, Sozialisten, Sozialdemokraten, Republikanern und Liberalen) hat mit über drei Jahren Amtszeit einen Nachkriegsrekord aufgestellt. Eine Regierung, der die Opposition (vor allem die Kommunisten) nicht zu Unrecht einen Ausverkauf von Arbeiterinteressen und die Zerstörung des sozialen Netzes vorwerfen, die aber außenpolitisch und ökonomisch besser dastand als fast alle anderen Administrationen seit vierzig Jahren. Als internationaler Ansprechpartner, so zumindest die Selbsteinschätzung der Italiener, hat das Gespann von Regierungschef Craxi und Außenminister Andreotti mittlerweile die in Westeuropa einst führende Bundesrepublik hinter sich gelassen (unvergessen, daß der neue sowjetische Parteichef Gorbatschow zuerst mit Craxi und erst dann mit Kohl sprach); im Außenhandel ziehen die Italiener immer mehr lukrative Aufträge an Land - von einer Motorrad-Fabrik in Peking über den Bau des wohl weltgrößten Röhrenwerks in der Sowjetunion bis zu der Million Beretta-Pistolen für die US-Army. Großkonzerne, wie FIAT oder Olivetti, erreichen eine enge Kooperation mit weltweit führenden Industrie-Unternehmen. Die Turiner Autohersteller sahen sich schon stark genug für einen Wettbewerb mit dem US-Giganten Ford; der Mailänder Elektronik-Konzern hat eine Beteiligung an dem weltgrößten Telekommunikationsspezialisten ITT durchgezogen. »Und all diese Geschäfte«, mokiert sich Francesco Alberoni, »wickeln sich in alten, oft eher kleinkarierten, um nicht zu sagen gammeligen Büros ab, wo mitunter die Wände und Decken aufgestemmt werden müssen, wenn man elektronisch nutzbare Kabel verlegen will.«
Schuld an der architektonischen Misere haben, nach Ansicht vieler Bauprojekte-Schmiede, vor allem die Politiker, vornehmlich jener Parteien, die die neue internationale Reputation in Politik und Wirtschaft geschaffen haben. Die Republikaner z. B. haben mit ihrem renommierten Finanzminister Bruno Visentini zwar eine merkliche

Haushaltskonsolidierung geschaffen (die Inflationsrate ist von fast 20 auf mittlerweile 5 Prozent gesunken), aber die Kehrseite ist eine »schon fast manische Knauserigkeit des Staates«, wie Alberoni anmerkt. Die Sozialisten sind stattdessen »hin- und hergerissen zwischen dem Schaffen und dem Verteilen von Reichtum«, die Christdemokraten wiederum »mißtrauen allem Großartigen in der Landschaft - außer dem Kirchenbau«, und selbst die Kommunisten, die doch dankbar sein müßten, wenn man Hunderttausenden von Bauarbeitern Verdienst verschafft, »zeigen abgrundtiefe Angst, wenn man große Konsortien gründet, die zu wirklich Bemerkenswertem fähig wären« - kurz, »ein Desaster«, wie Biennale-Chef Portoghesi die aktuelle Situation charakterisiert.

Daß die Forderungen gigantomaniewilliger Bauleute mehr und mehr auf fruchtbaren Boden fallen, steht außer Zweifel. Zweifelhaft ist dagegen die Wirkung auf das Volk, das von den neuen Repräsentationszentren und Regierungsvierteln und vor allem von den neuen Einkaufs-Rennstrecken überzeugt werden soll.

Einen halben Kilometer östlich vom entstehenden neapolitanischen »Centro diregionale« z. B. findet man noch immer einen der schönsten und farbenfrohesten Gemüse-, Fleisch-, Fisch- und Trödelmärkte Italiens. Daneben, eine Art Puffer zum Neubau-Gebiet, Dutzende schmutzig-grauer bis rußig-schwarzer Altmetall-Läden, Autospenglereien, Reifenerneuerungswerkstätten und Auspuff-Sammler - verdichtet zu einer gut fünf Meter hohen Barriere gegen das neue Viertel. »Und so muß es auch sein«, sagt Giorgio Biasi, während er gemächlich einem alten Reifen ein neues Profil verpaßt, »wäre noch schöner, wenn die da«, er weist mit dem Stemmeisen hinter sich, »so einfach zu uns herüber könnten.« Die Architektur wird, obwohl sie nach herkömmlichen Begriffen von der Markt-Perspektive aus eher anmutig erscheint, als physische Bedrohung empfunden. Und die Marktfrau, die gar nicht verstehen kann, warum wir nicht ihren Eier-Stand, sondern die »grattacieli maledetti«, die verdammten Wolkenkratzer dahinter fotografieren, meint gar, es sei am besten, die Architekten kletterten einmal auf eines ihrer Bauwerke und guckten hinunter zur »Nuova Poggioreale«, denn, so sagt sie, »da gehören sie nämlich hin«. An der »Nuova Poggioreale«, einer holprigen Pflasterallee von gut einem Kilometer Länge, liegt das Staatsgefängnis, das am dichtesten gefüllte Zuchthaus Europas. Eine »großzügige architektonisch durchdachte Brutstätte der Camorra«, so der ehemalige Bürgermeister Valenzi, ist allerdings erst für die neunziger Jahre zu erwarten.

(1986)

Cicero, der Auferstandene

In Italien feiert die Rhetorik ein glänzendes Comeback

Im christdemokratischen Hauptquartier an der römischen Piazza del Gesù weist man den Gedanken ebenso entschieden zurück wie in der sozialistischen Zentrale an der Via del Corso, und in der Via delle Botteghe oscure, wo die Kommunisten residieren, hält man einschlägige Fragen für »fast absurd« - Insider und Fachleute freilich wissen es besser: »Die Rhetorik«, sagt der Ordinarius Tullio De Mauro vom Sprachwissenschaftlichen Institut der Universität Rom, »erlebt derzeit eine ungeahnte Interessens-Explosion«. Kurse in Redekunst sind überfüllt. Bei einem Konvent zum Thema im April 1985 im adriatischen Cattolica gab sich schon fast die Crême de la crême italienischer Intellektueller, vom »Der Name der Rose«-Verfasser Umberto Eco bis zum Literaturhistoriker Albert Asor Rosa, ein Stelldichein. »Wir wollen«, so Marcello Di Bella vom Organisationskomitee, »die Lebendigkeit dieser Disziplin darstellen, die leider allzu oft unter allen möglichen Vorwänden versteckt wird.«

Veranstalter von Rhetorik-Kursen wissen, wer sie vornehmlich aufsucht: nicht der stotternde Mittelschüler oder die schüchterne Hausfrau, sondern Top-Manager und Gewerkschaftler, vor allem aber Administratoren und Politiker, auch wenn man es bei diesen besonders ungerne zugibt. Viele Kurse werden daher »vertraulich« abgehalten - die erlernte Kunst soll möglichst als naturgegebene Fertigkeit erscheinen, die angebotenen Argumente sollen »von sich aus« wirken und nicht, weil sie besonders klug dargeboten werden. »Eine Fiktion«, sagt Albert Asor Rosa, übrigens einer der Vordenker des PCI, »jeder Architekt braucht Rhetorik, um seine Projekte anzubringen, geschweige denn Rechtsanwälte, Politiker und Reklame-Fritzen.« Letzeren insbesondere ist es, nach dem Kunsthistoriker Renato Barilli von der Universität Bologna (Autor eines Buches mit dem schlichten Namen »Rhetorik«) zu verdanken, wenn die Redekunst heute wieder fröhliche Urstände feiert - freilich etwas anders, als man es gewohnt war: »Das optische Bedürfnis der heutigen Generationen verlangt mehr nach ‚sprechenden Bildern' und weniger nach ‚bildhervorrufenden Worten', wie sie die antiken Redekünstler, von den griechischen Sophisten bis zum römischen Cicero, gefordert haben.«

Die Wiederauferstehung der Rhetorik hat, nach Beobachtungen des Nachrichtenmagazins »Espresso«, ihren Grund vor allem in der Tatsache, daß es, »anders als in angelsächsischen Ländern, wo Reden in der Öffentlichkeit schon in der Sekundarschule gelehrt wird, hierzulande allenfalls die wildwüchsige Rhetorik der Studentenversammlungen der sechziger Jahre, aber keine wissenschaftlich aufgebaute ars dicendi gibt«. Wobei freilich zu fragen wäre, ob die auf kühle Rationalität und reine Sachargumentation aufgebaute angloamerikanische Redekunst auf das gestikulationsfreudige Volk im Süden wirklich übertragbar wäre.

Institute und Autoren, die diesbezüglich derzeit wie Pilze wachsen, halten sich denn auch weniger an die insularen Volksredner. Formal ziehen sie lieber die antiken Rede-Theoretiker, insbesondere Aristoteles und Cicero - diesen ganz besonders -, heran; in der Sache aber zeigen sie lieber Videofilme erfolgreicher Manager - Musterbeispiel: FIAT-Chef Gianni Agnelli - oder Politiker. Exemplarisch z. B. das Studium der sparsamen, aber einprägsamen Reden des eben abgetretenen Staatschefs Sandro Pertini oder die stets mit zusammengebissenen Kiefern hervorgestoßenen »agonistischen oder sportlich-vergleichenden Kurzsätze des derzeitigen Regierungschefs

Bettino Craxi«, so Asor Rosa. Als Gegentyp, der, aufgrund seiner Nichtrhetorik, rhetorisch wirkte, gilt der 1978 ermordete Christdemokrat Aldo Moro, der kaum einmal die Stimme hob, ewig traurig dreinblickte, sich oft den Titel »Narkose-Rhetor« einhandelte, und der doch am Ende fast immer überzeugte. »So«, fragte daraufhin einer der Zuhörer in Cattolica, »und kann mit jetzt noch einer erklären, warum ich dann Rhetorik lernen soll?«
(1985)

Identisch der Haß, verschieden die Liebe?

In Italien entdecken Links- und Rechtsintellektuelle erstaunliche Gemeinsamkeiten

»Sie arbeiten auf dem Gebiet der Presse, der Graphik, der Comic-Strips und im Radio, im Theater, schaffen Poesie und Musik, kümmern sich um das Problem der Frau, um Ernährungsfragen und die Bio-Politik, und sie entwerfen Zukunftsprojektionen«, ihr typischer Anhänger ist »zwischen 16 und 25 Jahre alt, eher norditalienischen als südlichen Typs, kommt aus dem Kleinbürgertum der Städte oder aus der Studentenschaft, setzt sich lieber auf rationaler Ebene als mit den Fäusten auseinander, möchte aus dem rechten Ghetto der früheren Jahre ausbrechen, ist im ‚Notfall' aber zur Gewaltanwendung bereit; er hat meist nicht einmal mehr eine nostalgische Beziehung zu den Blütezeiten des Faschismus der zwanziger und dreißiger Jahre und seine Bildung wurde ihm eher durch liberale und linke Lehrer vermittelt als durch reaktionäre und konservative«, so das Ergebnis einer Repräsentativerhebung des Politologen Giovanni Tassani über die »Neue Rechte« (Nuova Destra) in Italien. Eine Wiederholung der Jugendbewegung vom Anfang des Jahrhunderts (die Mussolini ebenso wie in Deutschland Hitler zu Teilen nutzen konnte)? Oder eine echte Wende der italienischen Rechten, die seit Ende der sechziger Jahre (als die linken Studenten und Arbeiter alles zu überrollen vermochten) ein eher tristes Dasein führte: hin- und hergerissen zwischen dem meist unglaubwürdigen Parlamentarismus des Giorgio Almirante von der neofaschistischen Bewegung »Movimento sociale italiano / Destra nazionale« (MSI / DN) und den blutigen Bombenattentaten rechtsterroristischer Gruppen und Geheimbünde (mit ihren bislang mehr als 140 Todesopfern)?

Vielleicht wäre die Untersuchung Tanassis nicht besonders beachtet worden, wenn nicht zwei Faktoren dazugekommen wären: der Anschluß einer Reihe durchaus anerkannter Intellektueller an die neue Ausrichtung rechter Gruppen und die deutlich geäußerte Dialogbereitschaft linker Vordenker gegenüber diesen Rechtsreformen.

An der Spitze der Rechtsbewegung marschieren heute einige Publizisten und Wissenschaftler, die man keineswegs nur mit dem Etikett »faschistisch« abtun kann, so jedenfalls die verbreitete Meinung innerhalb der Schicht der italienischen Geistesarbeiter. Der dreißigjährige Marco Tarchi z. B. hat eine allseits vielbeachtete Arbeit über »Einheitspartei und autoritäre Dynamik« verfaßt, und das Werk Franco Cardinis über die »Wurzeln der mittelalterliche Kavallerie« gilt als eines der Standardwerke gesellschaftshistorischer Darstellung der Zeit von 800 bis 1200. Giano Accame, 53, in seiner frühen Jugend aktiver Mitkämpfer Mussolinis, wird heute als einer der brillantesten politischen Kommentatoren Italiens zitiert. Sieht man von einem anderen Spitzennamen der Neuen Rechten, Pino Rauti (der das Ideologieblatt »Linea« leitet) ab, so gehören praktisch alle führenden Intellektuellen der neuen Bewegung nicht dem MSI/IDN an; manche von ihnen, wie Tarchi, wurden von der neofaschistischen Partei gar früher schon ausgeschlossen.

Die »Wende« selbst wird von den Anhängern der Neuen Rechten auf 1977 datiert. Damals beschloß der MSI ebenso wie eine Reihe rechtsgerichteter, aber nicht parteigebundener Intellektueller eine scharfe Abgrenzung gegen die bisher stillschweigend oder offen akzeptierte Zweigleisigkeit neofaschistischer Politik: hier parlamentarische Arbeit, dort Erzeugen von Spannung mithilfe der Attentate (in die, nach Gerichtsurteilen, sogar MSI-Abgeordnete verwickelt waren; einer wurde rechtskräftig zu zwei Jahren Gefängnis verurteilt). Von nun an sollte alles nur noch in »rationalen Bahnen ablaufen«, nach den »Regeln der Demokratie«, »gewaltfrei«; vor allem aber sollte künftig die »Auseinandersetzung primär auf kulturellem Gebiet geführt werden, um die Politik von da aus zu bestimmen« (Entschließungstexte).

Tatsächlich suchte sich die parlamentarische Linie des MSI alsbald lautstark von weiteren Bombenattentaten abzusetzen (sie wurden seither den Geheimdiensten angelastet), mehr noch: sie brachte eine Reihe einsitzender Rechtsterroristen zur Abgabe von Erklärungen, man habe seinerzeit »den falschen Weg gewählt«, es komme nun darauf an, »die damaligen Jahre zu analysieren und sich jetzt den Themen zuzuwenden, die bisher besonders die Linke besetzt hat, die Frage der Scheidung und der Abtreibung, Probleme von Frauen und von Minderheiten« (Aufruf aus dem mit Rechtsterroristen belegten Trakt G 9 des Zuchthauses in Rom). Als Zeichen der Bereitschaft zum Dialog, sogar mit dem Erzfeind von links, gab dann ein Großteil der Rechtsextremisten in den Gefängnissen 1983 bei den Parlamentswahlen dem - ebenfalls einsitzenden - linksradikalen Professor Antonio Negri die Stimme. »Ein Konzept, das offenbar aufzugehen beginnt«, entsetzte sich die kommunistische Parteizeitung »L'Unità« und verwies dabei vor allem darauf, daß »linke Intellektuelle sich zunehmend mit den Rechten einlassen, aber nicht in Form einer Kritik der reaktionären Kultur, sondern indem sie sich direkt mit diesen an einen Tisch setzen«. Tatsächlich hatte seit Beginn der achtziger Jahre eine Reihe linker und linksliberaler Intellektueller - Philosophen, Künstler, Publizisten - signalisiert, daß sie den Rechten lieber unmittelbar als via Schreibtisch gegenübertreten würden. Alte Widerstandskämpfer waren dabei, als der 60jährige Giorgio Bocca, einer der bekanntesten Leitartikler Italiens, anläßlich seines Buches »Mussolini socialfascista« einen offenen Dialog mit dem jungen Rechtsmilitanten Maurizio Veneziano (ebenfalls Verfasser eines Mussolini-Buches) begann und dies in Form eines Briefwechsels im Nachrichtenmagazin »L'Espresso« veröffentlichte. Aber auch viele Streiter aus den sechziger Jahren zeigten Bereitschaft zu persönlichen Begegnungen. Etwa einer der Vordenker der Studentenbewegung, Mario Tronti, oder der einstige Herausgeber der bedeutenden Studentenzeitschrift »Giovane critico«, Giampiero Mughi, derzeit Redakteur im Ideologieblatt der Sozialisten, »Mondoperai«, oder der PCI-nahe Professor für Philosophie der Politik in Neapel, Giacomo Marrameo, 38. Detaillierte Arbeiten, wie die des Furio Jesi »Kultur von rechts« (vor kurzem auch in deutscher Sprache erschienen), zeigten, daß man die Wandlung ernstzunehmen begann.

Am weitesten von allen linken Denkern wagte sich Massimo Cacciari, 40jähriger Professor für Philosophie und Ästhetik in Venedig, vor. Schon 1982 nahm er in Florenz an einem Gesprächsforum der Rechten teil, in einer Zeit, da er selbst noch Abgeordneter des PCI war, und nur eine Woche, nachdem im piemontesischen Cuneo die Crême de la crême der italienischen Linksintellektuellen auf einem Kongreß über die »Neue Rechte und die reaktionäre Kultur der achtziger Jahre« die Nase gerümpft hatte.

Es war ein Stich ins Wespennest. Nahezu einheitlich sprach sich die Presse von ganz links bis halbrechts gegen solche »Verbrüderungen« aus, »weil man wahrlich keine Schätze entdecken kann, wenn man bei der Rechten gräbt« (»Il manifesto«), »weil die Rechten allenfalls Kreide gefressen haben« (»La Repubblica«) oder »weil es gar keine Neue Rechte gibt, sondern nur den alten Faschismus« (wie das PCI-Blatt »L'Unità« behauptete, um sich dann wochenlang, mithilfe ihrer exzellentesten Ge-

treuen, mit der Neuen Rechten auseinanderzusetzen). Aber selbst der christdemokratische »Il popolo« sah im Treffen allenfalls »den Beweis, daß die Rechtskultur, ebenso wie die linke, totalitär ist«. Was man zwar aus dem Gesprächsverlauf so nicht ableiten konnte. Aber dennoch: die Berührungspunkte waren nicht zu übersehen, und in den folgenden zwei Jahren, bis heute, kamen immer mehr erstaunliche Gemeinsamkeiten zutage, die man bisher wohl weitgehend verdrängt hatte.
Das beginnt schon bei den Autoren, auf die sich Links- wie Rechtsdenker vornehmlich beziehen. Bei einer Umfrage des Wochenmagazins »L'Espresso« unter einigen Dutzend Linksintellektuellen Italiens bekannten immerhin 30 Prozent, daß ihnen Heidegger besonders viel bedeute, 25 Prozent sahen in Nietzsche, 15 Prozent in Jung, Spengler, Pound und Carl Schmidt wichtige Autoren, aus denen sie überdurchschnittlich viele Anregungen bezogen haben. Fast das ganze Arcanum der Autoren, die Georg Lukács einst mit dem Verdikt der »Wegbereiter des Faschismus und Nationalsozialismus« belegt hatte, findet sich heute als Fundgrube anerkannter Leitbilder, auch der Linken. »Das heißt natürlich nicht«, sagt Massimo Cacciari, »daß wir denselben Gebrauch von diesen Autoren und ihren Werken machen wie die Rechten. Aber wenn wir, wie sie, den Bezug zu diesen Autoren haben, müssen wir uns doch mit der ‚anderen Verwendung' auseinandersetzen, mehr noch, wir müssen herausfinden, warum diese Autoren für rechts wie links interessant sind.«
Die bisher schlagendste und prägnanteste Antwort auf diese Frage hat der ewig streitbare, mit seinen 76 Jahren schon zu einer italienischen Institution gewordene Rechtsphilosoph Norberto Bobbio (der im übrigen von den Round-table-Gesprächen mit den Rechten nicht allzu viel hält) gegeben: »Die ganze Konfusion ist weder neu noch besonders überraschend. Die extreme Linke und die extreme Rechte haben identische Objekte des Hasses, aber ganz verschiedene Objekte der Liebe.« Zu den gehaßten Dingen gehört, nach Bobbio, die Demokratie, »die von beiden Seiten aufgefaßt wird als Regime, in dem die einzig legitime Form der Entscheidung, die des gesamten Kollektivs, reduziert wird zur Mehrheitsentscheidung«. Aber sofort, so Bobbio, würden die Differenzen klar, wenn es sich um die erwünschten Dinge, um die Zielvorstellungen handele: »Die Linken möchten eine substantielle Gleichheit aller Gesellschaftsmitglieder und sehen daher die demokratische Gleichheit als lediglich formal an; den Rechten ist die Tatsache, daß in der Demokratie jeder Bürger eine, und nur eine, Stimme hat, reine Gleichmacherei - und sie verkennen am Ende, daß die Menschen substantiell verschieden sind.«
Tatsächlich scheint sich die Gemeinsamkeit der Links- und Rechtsintellektuellen vor allem auf dem Gebiet der Gesellschaftskritik zu ergeben, nicht dort, wo man konkrete Auswege aus der Krise sucht, in die - ein von allen Seiten und auch den »moderaten« Denkern voll anerkanntes Faktum - die Gesellschaft seit den siebziger Jahren geraten ist, als sich die linken Hoffnungen auf eine radikale Umgestaltung nicht erfüllten. Die Vorbilder und Visionäre der Rechten sind dann plötzlich ganz andere als die der Linken (und daran ändert auch nichts, daß der Linke Cacciari den Rechten Giovanni Gentile aus den zwanziger Jahren als »einzigen Philosophen Italiens in diesem Jahrhundert« bezeichnet und der Rechte Tarchi dem widerspricht; der einzige Philosoph sei der Linke Gramsci gewesen...). Zu den Leitfiguren der Neuen Rechten gehören Autoren wie der Engländer John Ronald Reuel Tolkien (1892-1973) mit seiner Wiederentdeckung der Mythen, die in allen rechten Zirkeln eine hervorragende Rolle spielen, der Elite-Forscher Vilfredo Pareto (1848-1923),

der dadaistische Maler und Schriftsteller Giulio Evola (1898-1974), einer der fanatischen Rassentheoretiker des Landes, sowie, von den Zeitgenossen, der Franzose Alain de Benoist, Chefideologe der bekannten »Nouvelle droit«. »Trotz aller Techtelmechtel und Vertraulichkeiten«, urteilte nach einer umfangreichen Analyse der Publizist Marco Revelli, »muß klar bleiben, daß die Kultur der Neuen Rechten noch immer rechts ist, daß sie gegen Demokratie und für hierarchische Gesellschaftsformen eintritt, daß sie rassistisch bleibt und keinerlei Selbstbestimmung des Individuums zuläßt, daß sie keine Kultur der Rationalität aufbaut, sondern eine des Mythos, der irrationalen Helden- und Übermenschenverehrung.«

Wie dem auch sei - sichtbaren Profit aus der Phase des Dialogs zieht, nach dem Urteil von »Panorama«, »vor allem die neofaschistische Partei MSI«. Ihr Führer Almirante wird neuerdings allenthalben umworben. Die fünf nichtkommunistischen Parteien des derzeitigen Regierungsbündnisses (Sozialisten, Christdemokraten, Sozialdemokraten, Liberale, Republikaner) erwogen zeitweise gar die Erweiterung ihrer Koalition um den MSI; auf Kongressen sieht man selbst alte Widerstandskämpfer wie den Meinungsmacher Giorgio Bocca in freundlichem Gespräch mit dem MSI-Chef. Und zum unübertrefflichen Höhepunkt kam es, als Almirante, zusammen mit dem französischen Rechtsausleger Le Pen, beim freundlichen Tête-a-tête mit dem Papst auf dem Petersplatz in Rom abgelichtet werden konnte. »Ein Erfolg unserer Strategie, die Kultur als Rammbock zum Durchbruch in verantwortliche Stellen zu verwenden.«

Die Dialogbereiter - voran Massimo Cacciari - sehen das natürlich nicht so. »Wir müssen uns der Auseinandersetzung gerade in der heutigen Krise, der Krise der Gesellschaft, der Krise der Linken stellen. Sonst ergeht es uns wie damals Weimar, wo sich die Linken auch allzu lange vor der Auseinandersetzung mit der rechten Intelligenz verweigert hatten und dann überrascht wurden von der Durchsetzungskraft der Rechten.«

(1985)

Der Wojtylismus

Kult und Kultur-Wende des Vatikan unter Johannes Paul II.

Die Zahl der von ihm besuchten Länder übersteigt mittlerweile die des politischen Irrwisches Henry Kissinger (seinerzeit als US-Außenminister ständig auf Achse); seine Handschrift und sein persönliches Eingreifen findet sich faktisch in allen pastoralen und politischen Aktivitäten seiner Machtsphäre; seiner strahlenden Vitalität konnte bisher nur Ronald Reagans Konstitution die Hand reichen (inzwischen ist der US-Präsident weit zurückgefallen), und mit seinem unentwegten Lächeln kann es allenfalls der bundesdeutsche Kanzler Helmut Kohl aufnehmen: Karol Wojtyla, Jahrgang 1920, gebürtig aus Wadowice, zunächst Literaturstudent und Schauspieler, später Theologieprofessor, Bischof, Kardinal, seit dem 22. Oktober 1978, unter dem Namen Johannes Paul II., Oberhaupt von mehr als einer halben Milliarde Katholiken, hat zweifellos eine Art qualitativen Sprung in der Ausfüllung des höchsten geistlichen Amtes der weltgrößten christlichen Glaubensgemeinschaft vollzogen. So wie der derzeitige Herr über 340 000 Priester in 2317 Bistümern, 13 Patriarchaten, 61 Erzbistümern und 430 Metropolitansitzen hat bisher noch keiner seiner 265 regulären (und drei Dutzend nicht anerkannten) Vorgänger die Nachfolge des Apostels Petrus verstanden. Ob stets zu Ruhm und Ehre Gottes oder eher zur Selbstdarstellung des Karol Wojtyla, darüber herrscht freilich, inner- wie außerhalb der katholischen Kirche, seit geraumer Zeit heftiger Streit. »Triumphalismus« nennen seine Kritiker die zumeist prächtig inszenierten Auftritte des Papstes in aller Welt und vor den Kameras aller Welt (für einige Zelebrationen am Petersplatz wurde gar der Filmregisseur Zeffirelli als Organisator verpflichtet); für Wojtyla-Vertraute, wie dem Vorsitzenden der »Glaubenskongregation« (Nachfolgeeinrichtung der ehemaligen Inquisitionsbehörde), dem deutschen Kardinal Joseph Ratzinger, ist die Amtsführung des Polen-Papstes jedoch nichts anderes als das »unabdingbare Eindämmen des Konzil-Ungeistes der sechziger Jahre«.

Seit 1984 besetzt der Papst, über seinen Glaubens-Interpreten Ratzinger, auch ungeniert das Wort »Restauration«: »Wenn man darunter, im ursprünglichen Sinn des Wortes, das Wiedergewinnen von Werten versteht, die in einer neuen Totalität verlorengegangen sind, würde ich sagen, daß genau dies die Aufgabe ist, die sich nun, in der zweiten nachkonziliaren Phase, stellt.« Freilich, wie der Vatikanologe Giancarlo Zizola in einem kritischen Buch mit dem Titel »La restaurazione di Papa Wojtyla« feststellt, handelt es sich dabei um eine »neue, bisher ungekannte Art von Restauration - nicht das Wiederfinden religiöser Werte oder eine theologische Erneuerung und Rückkehr zu den fünfziger Jahren, sondern eine neue Form von Präsentation und Machtausübung des Papsttums«.

Jenseits des »Protagonismus«, der von vielen Christen und natürlich noch mehr Nicht-Christen als unmöglich oder peinlich empfundenen Selbstdarstellung dieses Papstes (als Schauspieler und Theaterautor, als Sänger und Sportler), zeichnet sich in den letzten beiden Jahren, verstärkt seit Ende 1984, immer deutlicher ab, daß es Karol Wojtyla um eine tiefgreifende kulturelle und politische Wende geht. Genauer drückte es der Priester und Politologe Gianni Baget Bozzo in einem Zeitungskommentar in »La Repubblica« aus: »Er sucht eine bisher ungekannte Wende, eine neue Politik der Kultur und eine neue Kultur der Politik. Religion tritt in den Hintergrund, ist nur noch Mittel zur Besetzung gesellschaftlicher Themen (Abtreibung, Empfängnisverhütung). Wer sich diesen Werten widersetzt, wird mundtot gemacht.« Baget Bozzo bekam alsbald die Quittung: drei Wochen nach seinem ersten Artikel wurde er aller Kirchenämter enthoben; offiziell, weil er sich weigert, sein Mandat als Europaabgeordneter aufzugeben (was er freilich schon seit einem Jahr innehat). Wie massiv sich der Vatikan seiner Kritiker wehrt, bekommen mittlerweile auch Journalisten zu spüren: der Vatikan-Reporter von »La Repubblica«, Domenico Del Rio, darf künftig nicht mehr in der päpstlichen Sondermaschine mitreisen. Grund: eine Artikelserie »Die Kirche zwanzig Jahre nach dem Konzil«, in der Del Rio, neben vielen Papst-Kritikern aus dem klerikalen Bereich, auch Roms meisterzählten Witz zitiert hatte: Was ist der Unterschied zwischen dem lieben Gott und Papst Wojtyla? Der liebe Gott ist überall, Wojtyla war schon überall.

Bisher galt, was die Einmischung in weltliche Angelegenheiten betrifft, Pius XII. (1939-1958) als der »politischste« Papst dieses Jahrhunderts. Aber er hat grundsätzlich nur dort interveniert, wo er Belange seiner Kirche (einschließlich deren Besitztümern) und seiner Doktrinen gefährdet sah. Politik war ihm Mittel zur Durchsetzung seines Katholizismus. Bei Johannes Paul II. ist das anders. »Wo Pius XII. die Politik verreligiöste«, urteilte der 1984 verstorbene Jesuit Karl Rahner, »politisiert Johannes Paul II. die Religion.«

Der »Triumphalismus« Wojtylas kommt dort zu höchster Blüte, wo er Seite an Seite mit den Mächtigen der Welt im Staatswagen durch Jubelspaliere fährt. Wobei er fein differenziert: den Sandinisten in Nicaragua, in deren Regierung immerhin vier Priester sitzen, wollte er am liebsten gar nicht die Hand geben; bei menschenverachtenden Diktatoren der Nachbarländer aber kehrt sein Lächeln sofort zurück. Priester der »Befreiungstheologie«, die sich mit den Armen einlassen, beunruhigen ihn, geht man nach der Zahl seiner Verurteilungen, mehr als die Menschenrechtsverletzungen rechtsdiktatorischer Regierungen. In einem scharfsinnigen Buch mit dem Titel»Die Versuchung Jesu durch die Macht« kommt der spanische Theologe José Maria Gonzalez Ruiz zu dem Ergebnis, daß dieser Papst im Rahmen seiner »kulturellen Vermengung von Politik und Religion möglicherweise eben jener Versuchung erlegen ist, die der Satan schon in der Bibel für Jesus parat hatte«. Und schon 1981 warnte der italienische Kardinal Pellegrini aus Turin davor, »Volksfestrummel, wie ich ihn eben bei der Audienz am Petersplatz gesehen habe, mit Kultur und Religion zu verwechseln«. Der Chefredakteur der Jesuiten-Zeitschrift »Civilta cattolica«, Bartolomeo Sorge, fragte: »Haben die Reisen des Papstes die Kulturen, Völker, Länder, in denen er war, verändert? Verwandelt sich sein Triumphalismus nicht eher in einen sommerlichen Regenguß, wo man doch dauerhaften Herbstregen bräuchte, der tief eindringt und befruchtend wirkt?«

Pater Sorge wurde 1985, auf Weisung des Papstes, abgesetzt.

Auf drei Geleisen bewegt sich die Außenpolitik des Papstes. In sozialistischen Staaten ermutigt er Aufstandsbewegungen, wobei er keineswegs pastoral, sondern durchaus mit weltlichen Prinzipien argumentiert. Die polnische Gewerkschaft »Solidarität« z. B. kämpft seiner, während einer Kanada-Reise formulierten, Definition nach »für eine humane Kultur und die Verwirklichung der Menschenrechte«, nicht etwa für das Christentum. Wo sich Priester und katholische Laien für sozialistische Regierungen engagieren, sucht er sie mit dem Mittel von Kirchenstrafen davon abzuhalten - zweites, etwa in Nicaragua erprobtes Geleis. Wo antikommunistische Regierungen am Ruder sind, auch diktatorische, fällt seine Kritik an gesellschaftlichen

Ungerechtigkeiten reichlich milde aus, gemessen jedenfalls an den harten Ordnungsrufen an ebendort arbeitende Priester, die sich mit Oppositionellen verbündet haben; unterwerfen sich diese nicht, schickt er ihnen, drittes Geleis, die »Glaubenskongregation« des Kardinal Ratzinger auf den Hals, wie etwa den »Theologen der Befreiung«. Gerade im Falle Südamerika ein besonders entlarvender Akt, hört man sich die fast flehentlichen Bitten dortiger Christen an, sich doch auch einmal inhaltlich mit den anstehenden Fragen und der konkreten Realität zu befassen.

In einem spektakulären (niemals dementierten) Artikel hat die Zeitschrift »Panorama« das Zusammenspiel des Papstes mit den US-Interessen dargelegt. Der Vatikan hatte bislang keine diplomatischen Beziehungen mit den USA; diese wurden (der Papst traf sich ja mit Reagan spontan während einer Asien-Reise) 1984 in aller Form aufgenommen. Wenig später erschien der päpstliche Nuntius beim US-Präsidenten zum Gespräch über das Thema »Stoppen wir diese roten Priester«, und zwei Wochen danach forderte der Papst die Kirchenmänner in Nicaraguas Regierung auf, sofort ihre Ministerämter niederzulegen. Ernesto Cardenal, der seit Amtsantritt all seine Kirchenämter hatte ruhen lassen, wurde danach auch noch förmlich hinausgeworfen - Suspendierung »a divinis« heißt das.

Viele Italiener sahen zunächst die außenpolitischen Aktivitäten dieses Papstes eher mit Wohlgefallen. »Sollen sich die anderen Regierungen an ihm die Zähne ausbeißen«, freute man sich im kommunistischen Hauptquartier in Rom angesichts trüber Erfahrungen mit Pius XII. Zu früh - mittlerweile hat nun auch der Marsch in die italienische Innenpolitik begonnen; und er beschränkt sich keineswegs, wie anfangs gehofft, nur auf Verdikte wie das gegen Jean-Luc Godards »Maria«-Film, den der Papst zwar nicht sah, aber gleichwohl verurteilte.

Bereits 1983/84 hatte er wichtige Vorbedingungen für die »Machtergreifung« (Baget Bozzo) in Italien geschaffen: er hatte den Einfluß der traditionell mächtigen Orden in Rom drastisch beschnitten (insbesondere den der Jesuiten und der Franziskaner), dafür eine Gruppierung ins Zentrum der Macht geholt und nun gar als eigenen Orden anerkannt, die seine Vorgänger Johannes XXIII. und Paul VI. aus guten Gründen ferngehalten hatten - das »Opus Dei«. Ein Verband, dem das »Wörterbuch der Kirchengeschichte« von Andresen/Denzler bescheinigt, daß er »immer wieder Gegenstand erbitterter Auseinandersetzungen wurde«. Das »Opus Dei«, 1928 in Spanien gegründet, stets eng mit dem Franco-Regime liiert, heute an die 650 000 Mitglieder stark (deren Namen weithin geheim sind), ist in südamerikanischen Diktaturen ebenso wie in konservativen demokratischen Regierungen tätig. »Während die einen die Lebenskraft und Geistlichkeit dieser ‚Laien-Elite im Katholizismus' rühmen, bezeichnen andere dieses Institut als ‚Heilige Mafia' oder ‚logenähnliches Gebilde', als Fortsetzung der Restauration und als Mittel des Integralismus, der aus dem Glauben allein die Antwort auf alle Fragen des privaten und öffentlichen Lebens entnehmen will und deshalb den einzelnen Kultursachgebieten nicht nur die absolute, sondern auch die relative Selbständigkeit abspricht«, so Andresen/Denzler. Johannes Paul II. empfing den »Opus Dei«-Chef Alvaro del Portillo demonstrativ als ersten Kirchenmann des Neujahrs 1984, und seither sind die Leute aus dem »Geheimdienst Gottes« (so die Zeitschrift »Panorama« über »Opus Dei«) an allen ökonomischen, kulturellen und politischen Schalthebeln tätig. In Rom gelang es sogar, den Opus-Dei-Mann Alberto Michelini mithilfe des päpstlichen Generalvikars Ugo Poletti, ganz vorne auf der christdemokratischen Kandidatenliste der Kommunalwahl zu plazieren (die Parteispitze hat seither alle Hände voll zu tun, ihn von der Besetzung eines »sensiblen« Ressorts wie des Kulturassessorats abzuhalten, um nicht ganz in »Opus Dei«-Geruch zu geraten).

Zweiter Akt der »Machtergreifung«: die Anerkennung der ultrakonservativen Laienorganisation »Comunione e liberazione« als Fußtruppe des Papstes in Sachen Kultur. »Comunione e liberazione« mischt sich in die Schulpolitik und die Besetzung von Lehrstühlen ein, bildet parlamentarische Pressure-Groups bei Gesetzesvorhaben und drängt »fortschrittliche« Theologen und Laien ab. Sie sorgte auch dafür, daß beim letzten Kirchenkonvent in Loreto im April 1985 die Mitglieder der nach lateinamerikanischem Vorbild gegründeten »Basisgemeinden« nicht nur nicht eingeladen wurden, sondern auch, sofern uneingeladen erschienen, nicht zu Wort kamen. Der Vordenker des Verbandes, Rocco Buttiglione, wurde mittlerweile zum wichtigsten Sprachrohr des Papstes für das italienische Volk. Seine eigene Rede in Loreto geriet Johannes Paul II. zu einer einzigen Propaganda-Ansprache zugunsten der Christdemokraten bei den anstehenden Kommunalwahlen.

Wenig später, erneutes Zeichen seiner politischen Einstellung und Einflußnahme, zeigte er sich auf dem Petersplatz beim Small Talk mit dem Führer der italienischen Neofaschisten, Giorgio Almirante, sowie dem aus Frankreich herbeigeeilten ultrarechten Rassisten Le Pen.

Dritter Akt der »Machtergreifung«: er setzte der italienischen Bischofskonferenz einen Präsidenten vor die Nase, den nun wirklich niemand erwartet hatte - Ugo Poletti, den Generalvikar Roms, der die Wahleinmischung zu höchsten Blüten getrieben hatte und der im übrigen in höchstem konservativen Gegensatz zu dem - an sich ja nicht gerade als revolutionär verschrienen - Klerus Italiens steht.

Vierter Akt: die Absetzung Pater Sorges von der Chefredaktion der Jesuitenzeitschrift »La civilità cattolica«, in der Hoffnung, dieses wohl einflußreichste Ordens-Organ damit zu bändigen. Der fünfte Akt war die vom Papst einberufene allgemeine Bischofskonferenz, die die weitgehende Liquidierung der Ergebnisse des II. Vatikanischen Konzils zum Inhalt hatte.

Möglicherweise aber hat er mittlerweile gerade mit der Einmischung in Italien überzogen. Nicht vergessen ist bei vielen, auch konservativen Klerikern, wie das neue, 1984 besiegelte Konkordat zustandegekommen ist. Da wurde die Trennung von Kirche und Staat festgeschrieben, Rom verlor seinen Status als »Heilige Stadt«, Religion in den Schulen ist abwählbar: eine reihenweise Aufgabe bisher zäh verteidigter Positionen, die nur verständlich wird, wenn man bedenkt, daß der italienische Staat damals gerade auf die Rückzahlung von mehreren hundert Millionen Dollar zu verzichten versprach, die durch Mißwirtschaft, illegale und waghalsige Transaktionen der Kirchenbank IOR (geleitet vom Erzbischof Paul Marcinkus aus Cicero/Illinois, den zu feuern sich Karol Wojtyla aber beharrlich weigert) entstanden waren. Falsch eingeschätzt hat Johannes Paul II. möglicherweise auch die Widerstandskraft der italienischen Bischöfe. Sie wählten - was ihnen, im Gegensatz zur Ernennung des Präsidenten, zusteht - Antiwojtylaner zum Stellvertreter und ins Präsidium der Bischofskonferenz; wichtig insbesondere deshalb, weil Poletti schwerkrank ist und die Leitung oft durch seine Vize erfolgen wird.

Und mit den Jesuiten hat sich Wojtyla auch schon blaue Augen geholt: vor Pater Sorge hatte er bereits dessen Vorgänger gefeuert, und der wurde, ohne daß der Papst intervenieren konnte, mittlerweile Superior aller italienischen Jesuiten. Ein anderer

Jesuit, Carlo Mario Martini, wurde von Wojtyla ins Amt des Erzbischofs von Mailand abgeschoben, um seine mögliche Wahl an die Spitze des Gesamtordens zu verhindern. Martini aber ist heute einer der angesehensten Kardinäle Italiens, kritisiert mutig die Verurteilung der »Befreiungstheologie« und gilt derzeit als der aussichtsreichste Kandidat Italiens für eine Nachfolge Wojtylas.
(1985)

Interview mit Maria Lina Boff

Lina Boff, 45 Jahre alt, Schwester des kürzlich von Rom gemaßregelten brasilianischen Franziskanerpaters und »Befreiungs-Theologen« Leonardo Boff, trat nach der Schule in den »Orden der Dienerinnen Mariä« ein. 1979 bis 1985 lebte sie studienhalber in Rom. Sie ist mittlerweile nach Brasilien zurückgekehrt.

FRAGE: *Welche Unterschiede zwischen Ihrer Heimat und Europa haben Sie als besonders einschneidend empfunden?*

LINA BOFF: Man kann beides schlecht vergleichen. Lateinamerika hat viel jüngere Völker, die ihre Identität noch suchen. Das gilt in der Politik und der Ökonomie genauso wie in der Religion. Aber es gibt in Südamerika für diese Fragen ein enorm wachsendes Bewußtsein. Das Volk erforscht seine eigenen Erfahrungen, seine spezifischen Ausdrucksmöglichkeiten. Und wer sich als Christ bekennt, durchläuft all diese Schichten und Suchmodelle Lateinamerikas, besonders in Brasilien. Hier in Italien und Europa spielt allüberall die Geschichte mit, all das, was schon war. Bei uns in Südamerika handelt es sich jedoch um die Gegenwärtigkeit des Katholizismus. Ausdrücke des Glaubens, die weder östlich noch westlich einzuordnen sind, sondern von unserer eigenen unmittelbar erlebten Erfahrung herrühren.

FRAGE: *Können Europäer solche Erfahrungen überhaupt nachvollziehen?*

LINA BOFF: Nun, es handelt sich doch um Ausdrucksweisen ein- und desselben Glaubens. Glaubenswahrheiten und Themen der Theologie sind dieselben, aber der Unterschied besteht darin, daß man zumindest in Lateinamerika Texte grundsätzlich im Kontext dessen lesen muß, in dem sie geschrieben werden. Die Europäer gehen von ihren zweitausend Jahren theologischer Geschichte aus; sie haben einen gesicherten Fundus: Gnade, Sünde, Christus, Erlösung. Wir stattdessen gehen von der unmittelbaren Erfahrung innerhalb einer christlichen Gemeinschaft aus, erlebt in der sozialen und ökonomischen Wirklichkeit und oft in einfacher Organisation durchgestanden, etwa in Basisgemeinden. Der Dialog zwischen beiden Glaubensformen ist etwas überaus Positives, soweit er bisher stattfindet. Immerhin haben, jenseits z. B. des Prozesses gegen meinen Bruder und die »Theologie der Befreiung«, immer mehr europäische Verlage Interesse an unseren theologischen Büchern, und das ist ein überaus wichtiger Schritt. Zuhören ist am Anfang eben immer schwer. Ich muß nun, nach Brasilien zurückgekehrt, auch erst wieder lange zuhören und von neuem lernen.

FRAGE: *Ihre heutige Anschauung ist vom 2. Vatikanischen Konzil geprägt. Wie haben Sie den Wandel in den sechziger Jahren erlebt?*

LINA BOFF: Meine Erziehung - die Eltern stammen aus Italien - war ganz im Geiste des tridentinischen Konzils geprägt. Da war alles festgefügt, vollkommen, die Inhalte und Formen kamen von den Priestern. Aber in den sechziger Jahren spürte man, daß sich etwas änderte, ändern mußte. Um ehrlich zu sein: ich habe zuerst sehr darunter gelitten. Plötzlich bekam jeder eine riesige Verantwortlichkeit, mußte sich selbst seinen Weg suchen, Rückmeldungen einholen. Christsein wurde viel schwieriger - und doch befreiender, viel schöner, erfüllender. Am Amazonas, wo ich damals arbeitete, wandten sich die Priester - die sowieso nur ein- oder zweimal im Jahr die Gemeinden besuchen konnten - an die Gläubigen, banden sie direkt in die pastorale Arbeit ein. Die ganze Wertskala wurde neu geordnet.

FRAGE: *Hat sich das auch auf die Frauen ausgewirkt?*

LINA BOFF: Auf sie ganz besonders. Heute liegen fast 80 Prozent der pastoralen Arbeit in weiblichen Händen - nicht nur der Orden. Frauen sind mittlerweile geschätzte Ratgeber auch in den Kollegien. Ich erinnere mich z. B., als wir 1972 in einem kleinen Dorf bei Acre waren. Der Priester war da seit Monaten fort, und die Leute sagten ganz selbstverständlich: feiert doch ihr die Messe mit uns! Und da hat dann eine Schwester vorgelesen, ich habe die Texte erklärt, die Jugendlichen hatten sich als Leviten gekleidet. Und als es Mittag wurde, sagten alle, so schön war es beim Pfarrer nie gewesen. Auch der Provinzial sah sich das später an und war zufrieden. Frauen bilden mittlerweile Kathecheten aus, legen mit ihnen Lehrinhalte für die Kinder fest.

FRAGE: *Das ist aber keine Musik in römischen Ohren. Denken Sie denn, daß man am Petersplatz all das irgendwann verstehen wird?*

LINA BOFF: Ich kann nur wiederholen, was auch unsere Bischöfe immer sagen: kommt zu uns, seht euch die reale Situation bei uns an, nicht in den Palästen, sondern in den Hütten, bei den Indios und den Slumbewohnern, dann werdet ihr automatisch erkennen, daß sich daraus unser Christsein ergibt.
(1985)

Papst treibt Teufel aus

Die neuen Kirchen-Vorschriften für den Exorzismus

Das waren noch Zeiten, wo für die Teufel eines ganzen Dorfes ein einziger Kapuzinerpater zuständig war. Und der kam nur einmal im Jahr, zur Fastenzeit. Längst ist es dahin, das Exorzisten-Monopol, wo nach erfolgreichem Wegbeten oder auch schon mal Raushauen des Leibhaftigen nicht nur dessen Geschrei, sondern auch heftiges Klingeln im Beutel des Kapuziners Erfolg signalisierte. Allerhand Gesindel hat sich, laut Vatikan, mittlerweile auf diesem Gebiet breit gemacht, das mit ganz und gar untauglichen Mitteln und nur um schnödes Geld allerlei Pfusch anstellt, der den Satan nie und nimmer aus dem armen Christenmenschen treibt. Eine schöne Gelegenheit, das Urheberrecht auf eine Institution zu reklamieren, wo die Kirche schließlich zweitausend Jahre Erfahrung hat, von der Versuchung in der Wüste bis zu den Hexenprozessen. Selbst der Ketzer Martin Luther nahm seinen Teufel mit und beschmiß ihn ab und zu mit Tintenfässern, ohne ihn allerdings nennenswert zu schädigen.

Jedenfalls geht es jetzt dem Leibhaftigen an den Kragen. Nach den aufmüpfigen Unfehlbarkeitskritikern und den marxismusverdächtigen Befreiungstheologen, nach den polnischen Kommunisten und den Empfängnisverhütern knöpft sich die Kirche Johannes Pauls II. sozusagen den Brötchengeber und den ideologischen Hintermann all dieser dunklen Abweichler vor. Und dies sozusagen auf hohem professionellen Niveau: genau vorgeschrieben wird nun, wie man's macht beim Exorzieren, wie lang man braucht, wo man Hand anlegt.

Aber keine falsche Hoffnung: mit dem »Do It Yourself« ist da nichts. Gleichzeitig wurde nämlich auch festgelegt, wer's dem armen teufelsgeplagten Körper machen darf. Und da hat unsereiner, mangels Weihe und Zölibat und schon gar mangels Teufelsfreiheit, keinerlei Chancen.

(1986)

Die Kehrseite einer »Wiege der Kultur«

Rom aus der Kanaldeckelperspektive / Das Gesicht einer unregierbaren Stadt

Das Alter der Frau auf dem zerschlissenen Karton, gegenüber der Banco di Sicilia, ist kaum zu schätzen: ihr Gesicht voller braungegerbter Falten, die Hände gelblich-nikotinverraucht, die sackförmig übereinandergeschichteten Lumpen an ihrem Körper lassen auch keine Rückschlüsse zu. Auf dem vorstehenden Teil des Kartons einige Hundert-Lire-Münzen, daneben auch ein Tausend-Lire-Schein, knapp 2 DM Gegenwert. Die Frau hat die Augen geschlossen, liegt unbeweglich. Eine andere Frau, vielleicht an die fünfzig, steht ein paar Meter daneben, schaut angelegentlich nach rechts und links, zupft an ihrem Schürzenkleid und trippelt dann alle paar Augenblicke einige Schritte näher. »Jetzt warte nur fünf Minuten«, sagt Pasquale neben mir, »dann hat sie den Tausender.« Es dauert keine fünf Minuten: schon nach drei ist die Schürzenfrau bei der Alten am Boden, und als gerade kein Fußgänger vorbeigeht, bückt sie sich, macht eine angedeutete Streichelgeste zur Alten hin, richtet sich wieder auf - der Lire-Schein ist weg.

»Ich weiß gar nicht, was Ihr immer von mir wollt«, wehrt sie sich, als sie Sekunden später Pasquales Hand an ihrem Kragen spürt, »die braucht das Geld doch nimmer, die ist tot.«

Pasquale ist Polizist und hat seinen Nachtturnus erst vor wenigen Minuten begonnen; er wird sich den Dienstanfang nicht durch einen Streit vermiesen lassen. »So«, sagt er gemütlich, und diese Stimmung glaubt man ihm bei seinen hundertfünfzig Kilo derzeit noch, »die ist also tot. Wollen mal sehen.« Er stupst die Alte an, die einen ungnädigen Laut von sich gibt und sich umdreht; offenbar ohne zu erwachen. Die Frau in der Kleiderschürze hebt die Schultern, zieht die Augenbrauen hoch: »Und ich dachte, die ist tot.« Pasquale hebt seinerseits die Brauen - die Frau legt den Tausend-Lire-Schein wieder neben die Alte. Pasquale runzelt die Stirn immer noch - und siehe da, aus der Tasche der Frau kommen noch ein paar solcher Scheine zum Vorschein; Pasquale steckt sie der Alten unter den Körper. Dann läßt er die Frau in der Schürze laufen. »Was soll ich die auch noch auf Staatskosten ernähren lassen«, sagt er und zieht das Koppel beim Einsteigen fester. »Die wird heut nacht unterm Bahnhof noch ein paar andere beklauen und kann davon gut leben.«

Diebstahl Mittelloser untereinander - in Rom mittlerweile ein gewohnter Vorgang; Experten streiten sich, ob es immer so war oder sich hier die »neue Armut« besonders klar ausdrückt. Das Heer der Stadtstreicher, soviel gibt auch die Stadtverwaltung zu, hat sich in den letzten Jahren vervielfacht. Wer sich einige Minuten an die »Brennpunkte« der Obdachlosen-Schlafstellen stellt - an die Flanken der Bahnhöfe und an die Tiberufer, unter die Brücken der Stadtautobahn oder in die Winkel der Außenquartiere in Primavalle und Cinecitta - kann Mini-Klauereien dutzendweise beobachten. »Das geht reihum«, sagt Pasquale, »die schlafen im Turnus und klauen im Turnus, manchmal erwischen sie beim Morgengrauen wieder das Zeug, das ihnen am Abend gestohlen wurde, das aber schon durch ein paar andere Hände gegangen ist.« So wie Pasquale das schildert, hört es sich fast wie eine Gaunerkomödie an, mehr noch, wie eine Idylle aus der Unterwelt-Kultur - jeder kommt zu seinem Recht, wenn er genügend schlitzohrig ist.

Doch auch Pasquale zeigt, daß er das nicht so meint. »Arme Schweine«, sagt er. »Denn auch klauen darf hier nicht jeder. Vor zwei Tagen haben wir einen Penner aus dem Tiber gezogen, den sie erschlagen haben; unsere Informanten sagen, daß er ständig in Zonen ‚gefischt' hat, wo er nicht durfte.« »Fischen« ist der einschlägige Ausdruck, wenn Gauner Gauner begaunern.

Daß Pasquale die Frau im Schürzenkleid gestellt hat, war reiner Zufall: an sich galt der Einsatz einem Fehlalarm in der Bank, und Pasquale war noch damit beschäftigt, das Protokoll in seiner blauen Alfetta auszufüllen, als er die Frau bemerkte. Schon wenige Minuten später ist es dann kein Fehlalarm. Wir rasen den Lungotevere entlang, auf die andere Tiberseite, durch Trastevere hindurch Richtung Primavalle. Eine Messerstecherei ist, anonym, gemeldet worden - »garantiert Zuhälter oder Drogenschieber«, weiß Pasquale im voraus. Als wir ankommen, liegt ein Mann auf der Straße, schwerverletzt, völlig alleine, obwohl seit dem Alarm zehn Minuten vergangen sind. Ein merkwürdiger Kontrast - bis hundert Meter vor dem Tatort ist die Straße noch voller Leute; weiter oben sieht man ebenfalls noch viele Fußgänger. Erst als sich die Piazza mit Polizeiautos füllt, kommen auch die Menschen aus ihren Häusern, im Nu ist alles voller Neugieriger. Im Schein der starken Lampen zeigt sich, daß es keine Rauferei zwischen nur zwei Menschen gewesen sein kann - Kleiderfetzen finden sich verstreut auf gut fünfzig Meter, sicher aus einem halben Dutzend Hosen und Hemden. »Hier herrscht Krieg«, sagt Giovannone, der als Einsatzleiter fungiert und per Funk die Fahndung dirigiert. »Völlig überflüssig«, wie Pasquale hernach kommentiert, »aber das müssen wir machen, damit man sieht, wir reagieren.«

Es hat mehr als ein halbes Jahr gedauert, bis ich die Erlaubnis hatte, eine Nacht mit einem Einsatzkommando in Rom zu verbringen; ob ich sie wirklich erhalten habe, weiß ich bis heute nicht, jedenfalls verrät mir Pasquale, daß »man erst sehen mußte, daß alle, die heute Dienst machen, damit einverstanden sind.« Vielleicht besteht die Mannschaft auch deshalb aus besonders leutseligen »Poliziotti«, vielleicht geben sie sich auch nur mir gegenüber so. In ihr Auto darf ich freilich nicht; aber in einem Taxi hinterherbrausen war gestattet.

So jedenfalls kann ich auch noch die Bekanntschaft von Cesare machen, der das Taxi kommandiert - kommandieren ist der richtige Ausdruck, denn da Cesare fast nur Nachtdienst macht - »bringt anderthalbfachen Tarif« -, hat er sich angewöhnt, mit seinem FIAT 124 zu sprechen. Mehr ihm als mir erzählt er, was ihn bedrückt, was er wahrnimmt, was er dabei fühlt. »Scheißbullen«, murmelt er, als die Alfetta vor uns plötzlich stoppt - Pasquale hat noch eine Bar entdeckt, in der auch Zigaretten verkauft werden. Das ist zu dieser Stunde zwar verboten, aber da Pasquale die seinen zuhause vergessen hat, drückt er ein Auge zu, wenn ihm der Barmann illegal zwei Päckchen verkauft. Cesare brummelt etwas und stellt sich ostentativ in einige Entfernung zu den Polizisten - sehr freundlich ist das Klima nicht. »Die Polizisten sind armer Leute Kinder«, sagt Cesare im Taxi zu mir, »das stimmt schon, und darum sind sie mir einerseits sympathisch. Andererseits haben sie gerade armen Leuten gegenüber eine besondere Arroganz entwickelt. Sie fühlen sich als was Besseres.« Ich frage Pasquale, ob das so ist. Ein schneller Blick zu Cesare, der wieder im Auto ist, zeigt, daß er den Urheber der Vermutung richtig erkannt hat. »Stimmt«, sagt er, »auch ich stamme daher. Mein Vater ist seit fünfzehn Jahren arbeitslos, er war Maurer, aber seit den sechziger Jahren geht da nichts mehr. Was glaubst Du, wie glücklich ich war, als die mich zur Polizei genommen haben? Und daß ich um nichts in der Welt mehr da raus will?« Aber die anderen Leute aus seinem Milieu? Er hebt die Schultern. Dann eine merkwürdige Antwort: »Was denkst Du: nie hätte mich meine Frau geheiratet, wenn ich nicht eine gute Partie wäre, mit Festgehalt und pensionsberechtigt. Ihre Eltern waren Schneider, auch sie seit langem ohne Einkommen. Giancarlo, Pasquales Kollege in der Alfetta, ist da eher skeptisch. »Und weil Du ein Gehalt hast, wohnt eine halbe Zigeunersippe bei Dir.« Pasquale, so stellt sich heraus, hat in seinem Haus im Stadtteil Tomba di Nerone auch noch einen Schwager mit drei Kindern und eine Tante nebst behinderter Tochter einquartiert. Eine einfache Rechnung ergibt: von seinem »stipendio«, den Bezügen als Polizist, kann er die nicht ernähren. Fragen, wie die Verwandten dann doch leben, beantwortet er lieber nicht.

Jedenfalls schafft er es nun schon zwei Jahre, zusammen mit einem Sohn - der in einer Bar arbeitet - insgesamt neun Personen über Wasser zu halten. »Die ,senza-case', die Leute ohne eigene Wohnung«, sagt er, »sind über die Wohnsituation hinaus eine Plage: wenn man sie bei sich aufnimmt, muß man natürlich auch mit für sie sorgen - besonders in meiner Stellung, denn ich werde sofort gefeuert, wenn einer aus meiner Wohnung klaut.«

Studien über das Wohnproblem in Rom konnte man just ein paar Tage zuvor anstellen - da haben ein paarhundert »sfrattati« (aus ihren Wohnungen hinausgekündigte Leute) einen Hungerstreik begonnen - sehr zum Ärger der Stadtverwaltung vor dem Rathaus, just zu der Zeit, wo hohe ausländische Besucher angekündigt waren. Rom, so die »sfrattati«, zähle laut Statistik an die zweihunderttausend Familien ohne eigene Wohnung - »und wie der Zufall will«, sagt Giovanna, 50, seit eineinhalb Jahren bei ihrer Schwester untergeschlüpft, »sind gerade genauso viele Wohnungen in Rom derzeit leer: Spekulationsobjekte, ,entmietet', in Erwartung besserer Mieter, neuer Bebauungspläne, die die alten Häuser abbruchfähig machen und horrende Quadratmeterpreise bescheren.«

Der freie Wohnungsmarkt existiert kaum - nur wer sehr viel Geld hat, kann bei Preisen für eine Zweieinhalbzimmerwohnung von umgerechnet etwa 1000 Mark in nicht einmal guter Lage zugreifen - mehr als das Monatsgehalt des Durchschnitts-Römers. Seit Rom eine neue Stadtregierung hat (das alte Bündnis aus Kommunisten und Sozialisten wurde nach der Wahl von 1985 von einer Fünferkoalition unter christdemokratischer Führung abgelöst), empfinden viele die Lage noch schlimmer - »obwohl es uns auch unter den Kommunisten nicht gut ging«, wie Giovanna sagt. Die »Neuen« legen ihren Ehrgeiz darein, aus Rom eine »moderne Weltmetropole zu machen« (so der Urbanistik-Dezernent): bald soll die Stadt von einer »repräsentativen Chaussee« durchschnitten werden, an der Regierungs- und Verwaltungsämter und wohl auch zahlreiche Management-Zentralen Platz finden sollen. Da müssen gewachsene Viertel weichen, und den neuen Stadtvätern sind »Entmietungen« durch spekulationsfreudige Hausbesitzer deshalb auch gar nicht so unrecht: es verknüpft die Wut auf die Wohnungsmisere nicht direkt mit der Stadtverwaltung. Ob das Manöver gelingt, ist allerdings noch unklar - derzeit haben Gruppen wie »Alice in città« nahe dem Colosseum und in Trastevere mehrere »zur Sanierung vorgesehene« städtische Bauten besetzt. Plakattext: »Questa casa è nostra«, dieses Haus gehört uns.

Wer in Rom seine Wohnung verliert, hat nur selten die Chance, schnell eine neue zu finden. Die Vermittlung durch städtische Ämter bedeutet, daß man sich in einer Reihe von mehreren zehntausend Familien anstellen muß - ansonsten helfen nur Schleichwege. So empfiehlt es sich z. B., guten Kontakt mit dem »Vigile« der Zone zu pflegen - der Stadtpolizist weiß meist, wo eine Sozialwohnung (»casa popolare«) zu haben ist, wo wer auszieht, an wen man sich dafür zu wenden hat. Auch Feuerwehrleute und Lehrer sind kompetent - und jeder, jeder kann etwas Handgeld gut gebrauchen, denn auch er hat zuhause ziemlich viele Personen zu ernähren. Für diese schwarzen Makler, »mediatori«, wäre es wohl das Unglück des Jahrhunderts, würde die italienische Regierung plötzlich den Wohnungssektor ordnen - oder auch nur die Stadtverwaltung von ihrem Recht Gebrauch machen, jeden Quadratmeter Wohnraum zu beschlagnahmen, der mehr als vier Monate nicht vermietet ist. Beim Hungerstreik der »sfrattati« z. B. haben die Frauen und Männer aufgelistet, welchen Unfug die Landesregierung und die Stadtverwaltung mit ihren Kündigungs-, Kündigungsschutz-, Wohnungsvermittlungs- und Familienförderungs-Gesetzen angestellt haben. Musterbeispiele: Wer alleine lebt, hat überhaupt kein Anrecht auf Zuweisung einer Wohnung über die städtischen Ämter. Wer heiratet, hat Anspruch auf relativ großzügige Darlehen für Anschaffungen in einer neuen Wohnung - aber solange noch keine Kinder da sind, steht er in der Schlange der Wohnungsberechtigten ganz hinten (die Vorschriften sehen für das junge Paar »als zumutbar an, noch eine Weile im Elternhaus zu wohnen«). »Glücklich, wer drei uneheliche Kinder mit in die Ehe bringt«, sagt ein Sprichwort unter den »sfrattati«: der nämlich hat Anspruch auf eine Dreizimmerwohnung und das Darlehen. Wer das mit dem Kinderkriegen verpaßt, hat das Nachsehen: nach zwei Jahren rückt er zwar in der Reihe der Wohnungsberechtigten nach vorne, verliert aber den Anspruch auf die Junge-Ehe-Kredite, die ihm die Einrichtung der Wohnung ermöglichen sollten.

Längst hat sich im Soutterain der Stadt, die sich gerne als eine der Wiegen abendländischer Kultur darstellt, eine hoffnungslose Gegenkultur herausgebildet, wo im Schatten all der schönen Monumente eine eigene Wellblechhütte oder ein Wohnwagen bereits als Glück gelten, verglichen mit mancher von zwei Dutzend Menschen belegter Einzimmerwohnung. Nach Beendigung meiner Gespräche mit den »sfrattati« kommt mir eine schwarzgekleidete Frau nach: ob ich sehen wolle, wie sie lebt. Es geht quer durch Trastevere, eines der Viertel, das viele Touristen besuchen: noch immer hält sich das Gerücht, es gebe hier originäres Milieu zu schnuppern. »Die Bauspekulation lief hier in Wellen ab«, erzählt Claressa, als sie die Gebiete zeigt, wo sie vor fünfzig Jahren als Kind gespielt hat, »zuerst waren nur Arbeiterfamilien rund herum. Dann, nach dem Krieg, wurden wir hinausgeworfen, die Wohnungen renoviert und an Reiche vermietet, die im Zentrum keinen Platz mehr fanden. Dann wurde es denen zu stinkig in der Stadt und zu laut, da sind sie in Neubauviertel im Süden gezogen, wo man nur ein paar Kilometer ans Meer hat. Da sind dann Künstler und Studenten eingezogen und Ausländer. Jetzt jammern viele, daß die Mieten immer höher werden, zwei oder drei Zimmer für 800000 Lire.« Preise um die 1000 Mark sind nicht mehr erschwinglich - eine neue Umschichtungswelle hat begonnen, möglicherweise werden Neubauten entstehen, Versicherungen und Banken, Büros.

Die »Wellen« haben in Trastevere ihre Spuren hinterlassen - aus der »Proletarierzeit« stammt vor allem noch das Gefängnis Regina Coeli, als drohend-dumpfes Symbol staatlicher Macht hochgemauert. An die »Künstler- und Studentenzeit« erinnert der Hinweis auf die »Rigatoni democratici« an der Hostaria in der Via S. Cosimato, mastige, billige und reichliche Teigwaren für den Bohémien mit viel Idealen und wenig Geld.

Claressa wohnt längst nicht mehr in Trastevere, auch nicht im angrenzenden Aurelio;

sie wurde längst hinausgedrängt bis nahe an den röhrenden Grande raccordo anulare, dem Umgehungsring, an dem der Abgasgestank physisch greifbar ist. »Einen typisch römischen Witz«, findet es Claressa, wenn nach den neuesten Smog-Gutachten nun die Schließung des historischen Zentrums für Autos verfügt wurde: »Die haben doch nur Angst um die Monumente und den Tourismus und um ihre Nasen - während bei uns Gestank und Gift fünfmal so stark sind wie im Stadtinneren.« Claressa haust in einem dumpfen, feuchten Loch - mit wieviel Leuten, weiß sie nicht genau. Ein einziger Raum, an die vierzig Quadratmeter, von muffigen Vorhängen in vier Quadrate geteilt - für fünf Familien. Claressa ist die letzte, die hier »zugezogen« ist, in das »appartamento« ihrer Mutter. Die ist in ihrem Viertelzimmer alleine, weil »ihre Schwester voriges Jahr Gottseidank gestorben ist, so daß eine Schlafstelle frei wurde« - Tod als Wohnungs-Glücksfall.

So leben also hier: Claressa mit zwei halbwüchsigen Jungen, dazu ihr Mann, wenn er vom Fernfahren heimkommt, sowie dessen Schwester mit einem mongoloiden Baby. Hinter dem nächsten Vorhang ein invalider Bruder und eine Schwester, die wie Claressa gelegentlich Putzarbeiten verrichtet. Im dritten Abteil vier kleine Kinder, Nichten Claressas, deren Mutter vor zwei Jahren an Lungenkrebs gestorben ist und deren Vater in Neapel auf Montage ist. Im letzten Eck wird derzeit noch eine Kusine mit ihrem Mann beherbergt, die ebenfalls aus ihrer Wohnung hinausgeworfen worden waren - vor zwei Jahren, nachdem sie fünfzehn Jahre in dem Haus gelebt hatten.

Claressas Elend ist in der Gegend nicht das einzige: in einer Nebenstraße zur Via Portuense kann sie mir auf hundert Meter gleich vier ähnliche »sfrattati«-Konzentrationen zeigen. »Die einzige Freude in der Woche«, berichtet Claressas Schwager, »besteht darin, daß die Familie am Sonntag auf den Gianicolo-Hügel wandert, die Frauen dort Freundinnen treffen, die Kinder beim Kasperletheater zugucken und wir Männer uns aus dem Transistorradio die Fußballübertragung anhören.«

In der Nacht mit den Polizisten komme ich zufällig noch einmal in die Gegend, in der Claressa wohnt - ein BMW ist gegen einen Baum geprallt, der Fahrer, ein achtzehnjähriger Junge, tot. Das Auto hatte ihm, wie später zu erfahren ist, sein Vater drei Tage zuvor geschenkt - ein Fall aus dem »Roma del benessere«, dem wohlhabenden Rom. Im Auto findet sich ein Tütchen mit Kokain, Droge der Wohlstandsbürger in den grünbepflanzten Vorstadtvillen. Wenig Mitleid ist auf den Gesichtern der Leute aus dem Viertel zu sehen, eher Gleichgültigkeit, auch Abscheu. Auch Pasquale sieht ziemlich unberührt aus, als er das Protokoll auf sein Formular malt. Ärgerlich wird er erst, als sich Sirenengeheul nähert - »dachte ich mir, daß die Scheißcarabinieri auch noch antanzen«, brummt er: er macht sich auf Ärger gefaßt. Der kommt prompt - die Kollegen von der anderen Polizeitruppe sind mächtig verstimmt, daß Pasquale den Fall ganz für sich zu buchen gedenkt (tödliche Unfälle, gut bearbeitet, bringen Vorteile bei Beförderungen). Pasquale steht den Streit durch; die Carabinieri ziehen ab. »Haste gesehen, was das für Schlappschwänze sind«, freut er sich danach, »die hatten ja völlig recht - sie hatten sich früher in die Bereitschaft zum Herkommen gedrückt als ich. Aber die sind zu blöd, sich auf die Hinterbeine zu stellen.« Mit einemmal fallen Pasquale ein paar Dutzend Witze über die Carabinieri ein - es gibt ein eigenes Buch davon; es könnte von den deutschen Ostfriesenwitzen abgeschrieben sein (»Warum sind Carabinieri immer zu dritt? Einer kann nicht lesen, einer nicht schreiben, der dritte paßt auf, daß sie's nicht lernen«). Pasquale kann

sich totlachen über den Witz, er erzählt ihn diese Nacht dreimal.
Tatsächlich leistet sich Italien die teuerste Polizei-Kultur Europas - weniger durch gute Bezahlung, als durch eine geradezu groteske Verdoppelung, mitunter gar Verdreifachung der Kompetenzen. Wenn ein Unfall passiert oder ein Raubüberfall, ein Exhibitionist aktiv wird oder ein rabiater Ehemann, ruft der eine Zeuge die Polizei, der andere möglicherweise die Carabinieri, ein Drittel die Vigili urbani - und unter Umständen kommen alle drei. Da sie gegenseitig ihren Sprechfunk abhören, kommt vielleicht auch gar niemand, weil jede der anderen Formation den Vortritt bei der nicht gerade beliebten Schlichtung einer bösen Schlägerei gibt. »Auf die Bullen verläßt sich hier keiner«, weiß Cesare, mein Taxifahrer, »wenn du dir nicht selbst hilfst, bist du verloren.« Eine Frau im Quartier Aurelio hat das vor zwei Tagen vorexerziert: als zwei als Finanzbeamte verkleidete Gangster sich Zutritt zu ihrer Wohnung verschafft hatten, stürzte sie sich mit dem Ruf »ich bin Polizistin« auf die beiden und biß sie derart kräftig in alle möglichen Körperteile, daß sie nicht nur in die Flucht geschlagen, sondern kurze Zeit danach sogar an den Bißwunden identifiziert werden konnten. »Echte Polizisten hätten das nie fertiggebracht«, kommentiert Cesare.
Eine der Randgruppen, zu denen die Polizisten in Rom eine eher positive Beziehung pflegen, sind Prostituierte und Zuhälter (»Papponi« genannt). »Die Kriege der ‚Papponi'«, berichtet Pasquales Kollege Giancarlo, der lange Zeit Fußstreife an der Strich-Zone der Porta Portese war, »spielen sich meist zwischen den angestammten römischen Padroni und zugezogenen, meist napolitanischen oder ausländischen Ringen ab.« Und da halten die römischen Polizisten schon aus Lokalpatriotismus zu den einheimischen »Papponi«.
Einer davon ist Filippo, genannt »il negriero«, was soviel wie Sklavenhändler heißt, aber wohl eher darauf bezogen ist, daß seine »puttane« überwiegend Farbige sind: »Die mögen zwar die Römer nicht so sehr - die wollen Blonde aus dem Norden -, aber die Fremden sind ganz heiß darauf.« Prostitution darf sich in Italien offiziell nur im Freien abspielen - ein Gesetz von 1956 verbietet Bordelle (weshalb »geschlossene« Clubs und »Kultur-Ringe« florieren, in denen teurer Edel-Sex geboten wird). Mehr als zweihunderttausend Prostituierte hat die Polizei in ganz Italien registriert, nach Soziologen-Schätzungen nicht einmal ein Fünftel der tatsächlichen Zahl. Dreissigtausend suchen alleine in Rom tagtäglich Auskommen - in einem erbarmungslosen Konkurrenzkampf. Daß das meist über den Preis geschieht und nicht in Schlägereien der Frauen untereinander, ist nach Giancarlo »der bei alledem doch herrschenden Solidarität in einem gesellschaftlich geächteten Beruf« zu danken. »Wenn wir nicht zusammenhalten«, berichtet Barbara aus der »Truppe« Filippos, »stehen wir gegenüber den ‚Papponi' genauso wie gegenüber den Kunden gelackmeiert da.« In vielen Strich-Zonen haben sich die Frauen organisiert: einige Zuhälter wurden systematisch aus der Stadt vertrieben. »Vor allem aber die GRAISTE müssen sich schützen«, berichtet Barbara, »sonst klauen diebische Kunden denen auch noch den mageren Verdienst. »GRAISTE« leitet sich von »GRA« ab, dem Umgehungsring Grande raccordo anulare, und ist das Sigle dafür, daß eine Prostituierte ganz unten angekommen ist: die Preise sind mittlerweile auf weniger als 5000 Lire (ca. 7 DM) gesunken. Damit räuberische Freier nicht ohne Bezahlung oder gar mit der Handtasche der Frauen abziehen, passen während des »servizio« zwei Kolleginnen auf, daß alles ordentlich abläuft. Giancarlo kennt mehrere Dutzend Fälle, wo die weibliche Schutztruppe zahlungsunwillige Fernfahrer krankenhausreif geschlagen

hat.
Selbstschutzgruppen randständiger Frauen, Zuhälterkriege, konkurrierende und im Kompetenzwirrwarr befangene Ordnungskräfte, ein Heer Wohnungssuchender, eine sich öffnende Schere zwischen dem »Benessere« und der »nuova povertà«: Sorgen, wie sie auch andere Metropolen kennen. Doch in Rom kommt dazu, daß man seit Jahrzehnten daran gewohnt ist, daß nichts die Touristen vom Besuch der »ewigen Stadt« abhält, nichts den Geldfluß in die Hauptstadt - und nichts die Gefrässigkeit von Politikern, Spekulanten, umweltgleichgültigen Managern blockiert. »Unregierbar« nannte die Linkskoalition die Stadt, und das neue bürgerliche Bündnis sieht das mittlerweile auch so - nur zogen beide ganz unterschiedliche Konsequenzen daraus.
Während die frühere Stadtregierung das Heil darin sah, den Menschen in den einzelnen Stadtteilen Entfaltungsmöglichkeiten auf kulturellem Gebiet zu verschaffen (z. B. in unzähligen Initiativen während des »römischen Sommers«), und schließlich an Geldmangel scheiterte, hoffen die neuen Stadtväter auf eine Identifikation der Römer mit den geplanten »Wir-sind-wieder-wer«-Protzbauten und den Musikaufführungen weltberühmter Ensembles (wofür plötzlich wieder Geld da ist). »Die sollen sich ihre Zeffirellis und Karajans in den Arsch stecken«, meint grob Taxifahrer Cesare, »was wir brauchen, ist ein Bürgermeister, der mal ein Jahr in einer muffigen Einzimmerwohnung lebt, und Stadträte, die sehen, wie junge Mädchen aus Arbeitslosigkeit von ihren Vätern auf den Strich gezwungen werden, weil sonst die Familie absäuft.« Da kann schließlich auch Pasquale von der Polizia statale zustimmen. »Viel von der Gewalt und den Bösartigkeiten in unserer schönen Stadt«, weiß er, »kommt von den furchtbaren Umständen, unter denen sich hier Familien- und Gemeinschaftsleben für drei Viertel der Bevölkerung abspielt.« Und nach einer Weile: Aber von den acht Millionen Touristen im Jahr sieht das natürlich keiner.«
Wohl auch kaum einer von den 15 Prozent Römern, die bei der neuesten Erhebung »gut« oder »sehr gut« bei der Frage nach der sozialen Lage in ihrer Stadt angekreuzt haben.
(1987)

Sissy, Dracula, Derrick und Show, Show, Show - von »belebender Konkurrenz« keine Spur

Im italienischen Fernsehen ist nach dem Privatisierungs-Boom die Monopolisierung eingekehrt - und die Langeweile

Das »Ereignis« wird schon eine Woche vorher und dann täglich angekündigt. Wieder einmal hat der Televisionsgroßfürst Silvio Berlusconi (»Italia 1«, »Retequattro«, »Canale 5«) die Nase vorn: mit einem »besonderen Leckerbissen« kann er, laut Pressetext, das Land erfreuen, durchgesetzt hat er sich »gegen starke Konkurrenz«, worunter wohl das staatliche Fernsehen RAI zu verstehen ist.

Bei dem »Leckerbissen« handelt es sich um weitere dreißig Folgen von »Dynasty«, in der Bundesrepublik unter dem Namen »Denver-Clan« bekannt. Auch bei »Dallas« kam die RAI wieder nicht zum Zug - auch das hat Canale 5 an Land gezogen. Für die Staatssender blieb nur noch die dünnere »Derrick«-Serie, made in Germany; möglicherweise wird die unsägliche »Schwarzwaldklinik« folgen.

Doch die RAI hat - »selbstverständlich« - gegenüber den rein kommerziellen Sendern eben auch »höhere künstlerische Ansprüche« (Eigendarstellung). Und so wird als Großtat gefeiert, daß die Staats-Televisoren eine »Reihe epochaler Kunstwerke« gekauft haben: die Sissy-Filme mit Romy Schneider.

Kleinere Fernsehanstalten, wie »Telelazio«, »Rete Oro«, »Teleuniverso«, »Rete Capri« oder »Telemontegiove« können da natürlich nicht mithalten. Bei ihnen strahlt am Abend die ganze Palette der amerikanischen B-Western und Uralt-Serien wie »Die Zwei« oder »Solo für U.N.C.L.E.« durch den Äther, vermischt mit »Erotics«, bescheiden aufgemachten Strip- und Bettfilmen, wo die Handlung Transportmittel für ein paar nackte Brüste und verschwommene Bumsszenen ist. Zu den aufstrebenden Sektoren gehören auch Dracula- und Gruselfilme mit viel Brutalität; da sind die »Kleinen« Spitze. Sendezeit dafür ist meist nach Mitternacht.

Weil da aber auch die hartnäckigsten italienischen Kinder schon im Bett sind, bekommen sie vormittags eine jugendpädagogische Alternative: da schweben Zeichentrickfilm-Monster durch die Lüfte und erschrecken kleine Mädchen vom Heidi-Typ.

Nachmittags beginnt dann das »anspruchsvollere« Programm - die »Zugpferde«, die die Zuschauer für den Rest des Abends vor dem betreffenden Kanal halten sollen. Da kommt dann schon mal Fred Astaire oder Vittorio Gassmann zum Einsatz, »Viva Maria« mit Brigitte Bardot kann man sich ansehen, Sophia Lorens »Nächte mit Cleopatra«, Mastroiannis »Diebe habens schwer« oder Nicholsons »Chinatown«. Faßbinder-Filme stehen allerdings meist nur im Nachtstudio von RAI 3 zur Verfügung.

Die beste Sendezeit - nach den Nachrichten um 20.30 Uhr - wird von den großen Privatkanälen fast ausschließlich mit Shows bestritten - Talkshows, Theatershows, Starlet-Shows, Prominenten-Shows, Lotterieziehungs-Shows. Ein schnauzbärtiger Showmaster namens Maurizio Costanzo klaut dem Publikum, ohne daß ihm irgendwelche Prügel drohen, mit gähnenerzeugenden Gästen ganze Abende; sein Kollege Pippo Baudo kostümierte und moderierte sich jahrelang durch sein Nichtdenker-Varieté so erfolgreich hindurch, daß die ganze Nation in Verzückung ausbrach, als er jüngst die Opernsängerin Katia Ricciarelli ehelichte - zwölf Fernsehanstalten live dabei, der Staatsrundfunk mit der Hofberichterstattung so eifrig daß Meldungen wie der Konflikt mit Libyen zu beiläufigen Anmerkungen verkümmerten.

Lediglich die - mittlerweile eingestellte - Live-Show Renzo Arbores (»Quelli della notte«) mit einem geschickt gemischten Teilnehmerkreis vom Brückenpenner bis zum Kulturdezernenten sorgte dafür, daß der Begriff »Talkshow« nicht ganz zum Signet für Dümmlichkeit wurde.

Als Mitte der siebziger Jahre findige Juristen eine Lücke im italienischen Fernmeldegesetz entdeckten (das nur die »landesweite Ausstrahlung« von Programmen verbietet, nicht aber die regionale), kam es zur Gründung Hunderter von Fernseh- und Radiostationen - allseits bejubelt, weil man glaubte, das werde die unbewegliche Gouvernante RAI aufwecken. Die Neulinge im FS-Geschäft lockerten die Landschaft zunächst auch kräftig auf, strahlten spritzige Interviews und scharfkantige Kurzfilme aus, brachen Benimm- und Sextabus und sendeten unbekannte Kamerafilme.

Doch die Not, sich ausschließlich über Reklameeinschaltungen zu finanzieren, dünnte die Reihen bald aus; Konzentration war die Folge. Berlusconi rückte an, kaufte landesweit gleich drei vollständige Sendeketten zusammen und strahlt seither, entgegen den gesetzlichen Vorschriften, über ganz Italien (mittlerweile hat er mit den Franzosen auch noch ein Europafernsehen vereinbart). Vor einigen Jahren drehte ihm ein mutiger Amtsrichter wegen der gesetzwidrigen Ausstrahlung die Lampen aus; seither sind offiziell alle Antennen getrennt und werden von Kassetten beschickt, die aber zur gleichen Zeit landesweit dasselbe Programm senden. Als die Amtsrichter wieder einschritten, zündete Berlusconis enger Freund, Ministerpräsident Bettino Craxi, die Lampen per Regierungsdekret wieder an.

Berlusconi, seinerzeit übrigens - ebenso wie sein Showmaster Maurizio Costanzo - eingeschriebenes Mitglied der Geheimloge »Propaganda 2«, belegt mittlerweile mehr als 50 Prozent des nationalen Zuschauermarktes - schöner Beleg, wohin die »Erweiterung der Vielfalt durch Privatfernsehen« (Regierungsanspruch) führt.

Fast alle Sender suchen mit ausgeklügeltem Programm möglichst alle Familienmitglieder vor den Schirm zu locken. Zeichentrickfilme für Kinder, Videoclips für Jugendliche, Rührfilme für Hausfrauen, viel Fleisch und Glitzer am frühen Abend, hardcore danach; unterbrochen alle zehn Minuten durch Werbeeinschaltungen. Randgruppen freilich kommen nirgendwo vor; pädagogische Kindersendungen sind Mangelware, Problematisierungsmagazine auch. Diskussionsrunden mit Politikern sind meist stinklangweilig - Minister und Abgeordnete lassen sich lieber im Rahmen dahinplätschernder Shows, dafür aber am Arm irgendwelcher Vamps präsentieren. Für die meisten Zuschauer freilich sind - so das Ergebnis einer Umfrage - die Politiker-Einlagen in Shows so etwas wie das Pendant zu den Werbeeinschaltungen: Gelegenheit, sich ein Bier oder ein neues Glas Wein zu holen oder eben mal auszutreten.

Erstaunlich für den Nichtitaliener nur, daß in den meisten Haushalten der Apparat von morgens bis Mitternacht faktisch ununterbrochen läuft. Italiens fernsehfeindlichster Regisseur Federico Fellini (sein neuester Film »Ginger und Fred« ist ausschließlich diesem Thema gewidmet) vermutet, nicht zu Unrecht, darin »die Rache der Zuschauer am Fernsehen - eine völlig sendungsindifferente Haltung, wo das Messen von Einschaltquoten, Heiligtum jedes Intendanten, zur lächerlichen Selbstbefriedigung wird«.

(1986)

Ablaß per TV

Nun hat er offenbar auch noch ein Konkordat mit der allerhöchsten Instanz abgeschlossen: Segen und Ablässe Johannes Paul II. sind neuerdings - erstmals am Weihnachtstag, wenn unvermeidlich »Urbi et orbi« erstrahlt - für den Himmel auch dann verbindlich, wenn es nur aus dem Fernseher oder dem Radio kommt. Hatte es in den sechziger Jahren noch Kämpfe darum gegeben, ob eine per TV transmittierte heilige Messe den sonntäglichen Kirchgang erspart, und war die persönliche Anwesenheit beim höchsten Segen bislang noch unbedingt erforderlich, so reicht es nun, den Einschaltknopf zu drücken; das Vatikanamt hat es soeben bestätigt. Der Ablaß, für den einst Prediger Tetzel noch Hunderte von Gulden oder Talern verlangte, ist damit deutlich billiger geworden. Man muß nur noch die Fernsehgebühren bezahlen.

Vatikanologen rätseln, wie es zu diesem Sinneswandel gekommen ist - gerade bei diesem Papst, der doch sowieso alle Länder persöhnlich beehrt. Ob ihm etwa die Puste ausgeht?

Das ist jedoch gar nichts gegen all die anderen Fragen, die sich unverzüglich stellen: Wie steht es mit denen, die so arm sind, daß sie keinen Fernseher besitzen? Und gilt die Absolution auch, wenn man nicht direkt, sondern per Aufzeichnung am Ablaß teilhat? Man bedenke die Folgen: jeder Böse könnte sich da einfach einen Recorder ins Zimmer stellen und nach der Verfehlung den aufgezeichneten Papst einschalten - schwupp, wären sie weg, die Sünden! Und dann, wer hätte dann noch Lust, etwas in die Kollekte zu werfen?

(1986)

Wo Behinderung kein Makel ist...

Erfahrungen mit dem italienischen Modell der Behinderten-Integration in Normalschulen

Das Klassenzimmer ist hell, mit lustigen Wandzeichnungen versehen, die beiden Lehrerinnen sind freundlich, die Schüler benehmen sich ungezwungen und fröhlich. Trotzdem hat sich ein Junge in die Ecke zurückgezogen, er taucht unter die Bank, versteckt den Kopf, wimmert etwas. Wenn man genau hinhört, versteht man »niente dottore, niente dottore!« - Keinen Arzt!

Der Junge heißt Saverio und ist acht Jahre alt. Verstört hat ihn unser kleiner Kassettenrecorder; er hält ihn für ein medizinisches Gerät. Wir sollen in dem kleinen Bergstädtchen Sonnino in der italienischen Provinz Latina Aufnahmen in einer Elementarschulklasse machen, in der behinderte Kinder integriert sind.

Saverio gehört zu den behinderten Kindern. Er hat einen etwas zu großen Kopf - »Wasserkopf«, meinen die Ärzte - und unaufhörlichen Speichelfluß. Seine Bewegungen sind gehemmt, eckig, mühsam. Vor allem aber: er kann noch kaum sprechen, er hat den Wortschatz eines Dreijährigen. Alle medizinischen Behandlungsmethoden waren erfolglos, geblieben ist nur eine panische Angst vor den Ärzten. »Manchmal«, sagt Saverios Mutter, eine Textilarbeiterin, »mußte er bis zu achtmal im Monat an Geräte angeschlossen werden.«

Dennoch reden Saverios Eltern heute von einem Wunder. »Seit er in die Schule gekommen ist, hat er zu sprechen begonnen, obwohl man das in dem Heim, in dem er drei Jahre war, für völlig unmöglich hielt. Jetzt lernt er überhaupt erst zu spielen, sich zu bewegen. Die Kinder, seine Kameraden, vor allem aber Maestra Raffaella, die Stützlehrerin, die bringen ihm alles bei.«

Wie gekonnt die Kinder die Therapie aufnehmen und mitmachen, haben wir selbst miterlebt. Als Saverio mit seinem Wimmern nicht aufhörte, stimmten sie ganz spontan ein Lied an. Eine Minute später tauchte der rotblonde Kopf auf, die Hände zogen den Körper hoch, Saverio tappste vorsichtig in die Zimmermitte - und begann zu tanzen, eckig, immer im Kampf mit dem Gleichgewicht, aber mit seligem Lächeln. »Das Wichtigste dabei«, sagt Raffaella Perelli, die Stützlehrerin, »ist, dem Gestörten ein ausgeglichenes Verhältnis zur Umwelt zu vermitteln. Dann lernt er auch allmählich, daß Kommunikation nicht eine Leistung ist, die man ihm abverlangt, sondern eine Hilfe, seine Welt zu gestalten.«

So wie in Sonnino werden mittlerweile landauf, landab in Italien behinderte Kinder in die Regelschulen (die staatliche Pflichtschule umfaßt die Elementarschule mit den Klassen 1 bis 5 und die Mittelschule mit den Klassen 6 bis 8) integriert, und zwar grundsätzlich in die Klasse ihrer Alterskameraden, egal wie weit sie ansonsten sind. Seit 1976 werden so durch ein Gesetz die Erkenntnisse von Pädagogen, Psychologen (und mitunter auch schon von Medizinern) in die Tat umgesetzt, wonach Behinderte, wie schwer ihre Schädigung auch sein mag, am besten in einer »unbehinderten« Umgebung gefördert werden können. Und wenn der kleine Saverio auch noch nichts vom Lesen oder Schreiben seiner Altersgenossen versteht, so kann er mittlerweile doch auf einfache Fragen antworten - was vor einem Jahr noch völlig ausgeschlossen schien. Erfahrungen mit mongoloiden Kindern, mit Spastikern, mit Taubstummen usw. haben eindrucksvoll gezeigt, wieviel man noch erreichen kann, wenn man den Behinderten den Aspekt nimmt, der wohl am stärksten hindert: die Stigmatisierung

durch die Umwelt, das Wegschließen, Einsperren in das Ghetto mit anderen Behinderten, die oft nur vordergründige »Das-kannst-du-ja-doch-nicht«-Tour. Daß die Alterskameraden den behinderten Nachbarn oft genug wie ein »gesundes« Kind fordern, wirkt nahezu nie deprimierend auf den Geschädigten, sondern eher als Ansporn, sich zu bemühen - meist mit Erfolg.
Die Integration Behinderter ist zweifellos eine Konsequenz aus der Reform, die Italien seit 1962 seinem Schulsystem angedeihen läßt. Weg von der Auslese- und Konkurrenzschule, hin zu einer sozialen Integration, zur Förderung Minderprivilegierter, Benachteiligter. Dahinter stehen nicht nur die unmittelbar Betroffenen, sondern vor allem die Massenorganisationen, neben den Eltern- und Lehrerverbänden auch die großen Gewerkschaften, die zu Demonstrationen für Schulreformen schon bis zu einer halben Million Menschen auf die Beine brachten. So wurde auch - trotz wirtschaftlicher und politischer Dauerkrise - die Eingliederung Behinderter dadurch möglich gemacht, daß in den betroffenen Klassen ein zweiter Lehrer - für jeweils vier Behinderte - angestellt wird, der den Unterricht begleitet und sich dabei insgesamt um die Schwächeren der Klasse kümmern kann. In den Bereichen, wo die Behinderten kaum profitieren können (etwa Rechnen oder Schreiben in den unteren Klassen) wird separater Stützunterricht erteilt, darüber hinaus auch ein eigenes Förderprogramm, etwa mit Gymnastik, Sprech- und Malübungen etc., durchgeführt.
In den fünf Jahren seit Einführung der Behinderten-Integration konnten so fast 60 Prozent der 16000 Körpergeschädigten, 45 Prozent der 41000 psychisch Gestörten und sogar 30 Prozent der sensorisch Behinderten in die staatlichen Pflichtschulen einbezogen werden.
Natürlich ist das alles auch ein finanzielles Problem. Nicht jede kleine Landschule kann sich einen Stützlehrer leisten (wenn auch viele ehemalige Sonderschullehrer »umgesetzt werden«). Daher bekamen die in Italien seit einigen Jahren landesweit bestehenden regionalen »Behindertendienste« noch eine zusätzliche Aufgabe: sie vermitteln sogenannte »Wocheneltern«, d. h. Familien, die ein behindertes Kind aus einer benachteiligten Gegend die Woche über aufnehmen und so die Integration in die Schule ermöglichen. So simpel das klingt, so schwer ist allerdings oft die Durchführung. Zum einen ist es nicht einfach, geeignete »Wocheneltern« zu finden, zum anderen wird der Erfolg mitunter durch Eifersüchteleien zwischen der leiblichen und der Wochenfamilie gefährdet. Und oft genug wird auch ein hoffnungsvoller Versuch allzu früh abgebrochen, weil die eine oder andere Seite die Nerven verliert.
Was man dabei allerdings auch durchmachen kann, zeigt das Beispiel der Familie Ungerer aus Bozen. Sie haben einen sechsjährigen Sohn und waren bereit, ein achtjähriges schwer hörgeschädigtes Mädchen aufzunehmen, das wegen »Schwererziehbarkeit« schon aus zwei Familien hinausgeflogen war. Frau Ungerer berichtet: »Es war wirklich unglaublich schwer. Monika war störrisch, verweigerte sich permanent. Noch größer allerdings war das Problem mit meinem Jungen. Der war unvorstellbar eifersüchtig. Oft brüllte er los: ‚Mutti, schaff die Verrückte weg!' Die waren wie Hund und Katze. Auch die Lehrer wußten keinen Rat. Mehr als einmal wollte ich aufgeben.« Aber sie hielt durch; nach einem Jahr kam der Umschwung. Monika mußte krankheitshalber einige Wochen bei ihren Eltern bleiben. Als sie zurückkam, war sie »wie umgewandelt, lieb, aufmerksam, lernbereit«. Auch Günther hatte sich verändert - die beiden sind nun wie Geschwister. Im September wird Monika endgültig eingeschult.

Wieviel das ganze System hält, wird sich allerdings erst zeigen, wenn die Integrierten aus der Schule kommen, Arbeitsplatz und entsprechende Umgebung brauchen. Dafür sollen nun die Behindertendienste sorgen, mit dem Ziel, daß sich die Betroffenen im Rahmen ihrer Fähigkeiten nach und nach auf eigene Beine stellen. Da herrscht freilich noch ein beängstigendes Defizit. Soweit absehbar, ist aber vor allem durch die schulische Integration in der Bevölkerung eine Welle der Bereitschaft zur Mithilfe entstanden; vielleicht werden doch in einigen Jahren mehr Lehrstellen und Arbeitsmöglichkeiten angeboten. Jedes Jahr kommen ja junge Menschen aus der Schule, die schon wissen, wie man Behinderten wirklich helfen kann.
(1982; zusammen mit Xenia Raith)

Seveso zwischen Zynismus und Symbolik

Vor zehn Jahren entwich Dioxin aus der Hoffman-La Roche-Firma ICMESA

Dr. Fausto Schenker, seines Zeichens Forschungschemiker in Basel, gehört eher zu den Typen, die man als »Gemütsmenschen« bezeichnet. Vielleicht hat ihn Hoffmann-La Roche gerade deshalb mit einer der wichtigsten Missionen in der 90jährigen Geschichte des Chemie-Giganten betraut: er ist, laut »Roche Magazin«, »Beauftragter für die Behebung der Probleme, die mit der Evakuierung der Bevölkerung und den Sanierungsmaßnahmen nach dem Chemieunfall bei der ICMESA verbunden waren«. Als solcher hat er auch den zentralen Beitrag zu einer Art Jubiläumsschrift verfaßt: die hat der Konzern anläßlich des 10. Jahrestags jenes Vorfalls herausgegeben, der die 17000-Einwohner-Stadt Seveso bei Mailand weltweit zum Symbol für menschheitsgefährdende Industrieanlagen gemacht hat. Das liest sich dann so: »Es ist wahr, die betroffenen Menschen haben über ein Jahr lang unter allerlei Unannehmlichkeiten gelitten, aber nachher hatten alle angenehmere Wohnbedingungen als vor dem Juli 1976.« Denn, »das damals am stärksten kontaminierte Gebiet ist heute ein Park«.

Da reibt man sich schon die Augen, was einer zehn Jahre nach jener kleinen weißen Wolke schreiben kann, die fast niemand bemerkt hatte und die wenig später Brennen in den Augen und böse Hautausschläge verursachte, die Tausende von Kaninchen und Hühnern sterben ließ, sogar Schafe, Rinder und Pferde, und die monatelange Todesängste in der Bevölkerung auslöste. Zynismus des Konzerns, Frechheit oder schieres Unvermögen zur Einsicht, was chemisch-industrielle Produktion an Gefahren mit sich bringt?

Was den Durchschnittsleser in Rage bringen mag, findet freilich Verständnis gerade dort, wo man eigentlich die größte Wut vermuten sollte, in Seveso selbst. Bei mehr als vierzig Versuchen, mit den Einwohnern über 1976 zu reden, kamen nur drei Gespräche zustande; wenn uns nicht gerade die Laden vor der Nase scheppernd heruntergelassen wurden, so herrschte doch die Empfehlung vor, Journalisten sollten sich gefälligst trollen.

Das Gras, das der Hoffmann-La Roche-Konzern so wortwörtlich über die Sache hat wachsen lassen, deckt mittlerweile allerlei zu. Alles beileibe nicht: seit dem Mai 1986 z. B. wird wieder ein ausgedehntes Kaninchen- und Hühnersterben beobachtet - in Zonen, die, nach Behördenmeinung, eigentlich völlig giftfrei sein müßten. Das Dioxin haftet und haftet und bringt sich immer wieder in Erinnerung. »Die Situation«, so der Grüne Regionalabgeordnete Sergio Andreis, »ist, im Grunde genommen, schlimmer geworden - sie haben es fertiggebracht, die ursprüngliche Sorge einzulullen, das Gefühl für die Gefahr zu zerstreuen. Behörden wie Industrie haben ein Krisenmanagement entwickelt, das nicht auf Beseitigung der chemischen Gefahr geht, sondern auf Beseitigung der Gefahr von Bevölkerungs-Reaktionen.«

Geschehen war damals, am 10. Juli 1976, folgendes: bei der Produktion von Trichlorphenol - das für Desinfektionsmittel und Kosmetika verwendet wird - kam es zu einer Überhitzungsreaktion, wodurch auch Dioxin entstand. Dioxine sind die giftigsten jemals von Menschen hergestellte Substanzen (es gibt über hundert Dioxine unterschiedlicher Schädlichkeit, aber das von Seveso, mit Namen 2,3,7,8-Tetrachlordibenzoparadioxin, ist besonders giftig). Die Firma ICMESA, eine Tochter der schweizerischen Hoffmann-La Roche-Dependence Givaudan, arbeitete, wie sich später ergab, mit zum Teil nicht genehmigten Anlagen und ohne ausreichende Sicherheitsvorkehrungen. Der Vorwurf des »Industrie-Kolonialismus«, der Auslagerung gefährlicher Produktionszweige ins Ausland, ist in Italien sicher nicht zu Unrecht erhoben worden.

Durch ein geborstenes Ventil trat eine mit Dioxin durchsetzte Kerosin-Wolke aus und schlug sich auf einem etwa zehn Quadratkilometer großen Gebiet um die Orte Seveso, Meda, Desio und Cesano Maderno nieder. Da der Unfall am Wochenende geschah, war es nach Konzern- und später auch Behördenansicht eben etwas schwierig, gleich angemessene Hilfsmaßnahmen einzuleiten.

Doch auch an den folgenden Wochentagen geriet die Notstandsaktion eher zur Posse. Mal fand der Bürgermeister von Seveso keinen Stadtpolizisten, um die Sofortmaßnahmen zu verkünden, mal weilte der zuständige Gesundheitsdirektor von Meda im Urlaub und hatte keinen Stellvertreter hinterlassen, mal konnten sich die Verantwortlichen nicht einigen, wer für eventuelle Evakuierungen zuständig war - der Bürgermeister, der Gesundheitsbeauftragte, der Regionalpräsident oder gar Rom. Doch was von Hoffman-La Roche heute gerne auf die Behörden abgeschoben wird, ist tatsächlich vor allem Schuld der Chemieköche selbst. Nirgendwo gab es einen Krisenplan für den Fall einer Dioxin-Entweichung, obwohl längst bekannt war, daß das Gift entstehen konnte und immer wieder Tiere in Fabriknähe verendeten. Der heutige Ausland-Verantwortliche, Dr. Hansjörg Renk, meint, daß »man damals auch über die genaue Gefährlichkeit von Dioxin noch nicht allzu viel wußte«. Möglicherweise bei Hoffman-La Roche nicht, doch sonst schon: über die Folgen des Dioxin-Abwurfes im »Entlaubungsgift« »Agent Orange« der USA in Vietnam wußten die Medien jedenfalls innerhalb von drei Tagen genauestens Bescheid. Auch hatte es schon vor Seveso weltweit mehr als ein Dutzend Dioxin-Unfälle gegeben. La Roche-Schenker dennoch auch heute noch tapfer: »Wir ... mußten annehmen, daß Dioxin entwichen war. Aber in welchen Mengen und in welcher Konzentration? Diese Frage ließ sich nur aufgrund sorgfältiger Analysen beantworten. Denn es wäre falsch gewesen, gravierende Maßnahmen, wie zum Beispiel eine Evakuierung, aufgrund bloßer Vermutungen vorzuschlagen.« Mithin: erst eventuelle Tote in Kauf nehmen, dann evakuieren.

Tatsächlich waren sich die Konzern-Chefs der Gefahr damals voll bewußt. Das haben insbesondere die Arbeiterräte erfahren, die vom benachbarten Chemiewerk Montedison aus helfen wollten. Luigi Mara z. B., der damals die Aktionen mit initiiert hatte, suchte mit seinen Kollegen »verzweifelt nach Leuten aus der ICMESA, die uns wenigstens einen Plan der Anlagen erstellen und sagen konnten, was darin produziert wurde«. Wie sich erwies, hatte die Firma schnell alle Mitwisser fortgeschickt, in weit entfernte Heimatdörfer oder zum Urlaub ans Meer.

Skurriles auch bei der Frage, wie man das Dioxin beseitigt. Luigi Mara erinnert sich an den Vorschlag, »ein paar Millionen Mäuse und Ratten im verseuchten Gebiet auszusetzen, damit die das Zeug fressen und daran verrecken. Was mit den Kadavern wird, wußte freilich niemand«. Dann wieder sollten Flugzeuge das Areal mit Olivenöl bombardieren, weil sich Dioxin darin löst; die UV-Strahlen der Sonne würden es dann zersetzen. Dagegen stand die Verfassung, die Flugzeugeinsätze im Inland untersagt.

Doch bald entspannten sich die Gesichter der Konzern-Herren: nach einigen Monaten stellte sich heraus, daß die mittelfristigen Folgen erheblich milder ausfielen, als ursprünglich angenommen. Es gab keine signifikante Zunahme böser Fehl- oder Mißgeburten, auch die Hautausschläge heilten meist ab. »Seveso war ein schweres Unglück, dessen Folgen glücklicherweise begrenzt blieben«, tönt das Editorial der »Festschrift«. Weshalb denn auch die Schuld für die Katastrophenstimmung im Grunde woanders liegt: »Es besteht kein Zweifel, daß die mit Wucht einsetzende Medienberichterstattung dieses Angstgefühl noch potenzierte und zugleich das damals aufkommende Unbehagen gegen die Industrie und gegen die Chemie insbesondere sozusagen institutionalisierte.«

Das ist zwar sicher eher wehleidig gemeint, aber es stimmt insofern, als sich mit dem Seveso-Unfall erstmals ein breiteres Bewußtsein darüber herausgebildet hat, wie nah überall Gefahren nach Seveso-Art liegen. Freilich fehlte damals noch vieles für eine Bearbeitung und Artikulation der Ängste. Heute längst geläufige Begriffe, vom »GAU« bis zum»Sauren Regen«, waren kaum jemanden geläufig. Da hat Seveso zweifellos wie eine Initialzündung gewirkt, auch wenn man nicht sagen kann, daß Umweltbewußtsein nur wegen Seveso entstanden ist.

Der Konzern jedenfalls suchte den Esel vom Eis zu bringen. In aller Stille erfolgte die »Schadensregulierung« in Höhe von ca. 300 Millionen Schweizer Franken, und die stimmten alsbald die Behörden, die Bevölkerung und schließlich auch die Gerichte gnädig (mittlerweile wurden, bis auf zwei milde Verurteilte, alle Angeklagten freigesprochen). Trotzdem war Seveso plötzlich wieder da: der Inhalt des Dioxin-Kessels, angeblich von der Firma Mannesmann italiana abtransportiert und in einer zugelassenen Deponie unter fünf Meter Lehm verbuddelt, geriet 1982 in Verdacht, doch nicht vergraben zu sein. Tatsächlich wurden 1983 41 Fässer mit Giftzeug entdeckt - vom bundesdeutschen Ober-007, dem Privatdetektiv Mauss, der die Ware im französischen Anguilcourt-le-Sart in einer alten Garage gefunden haben will. Die Fässer wurden - das ging dann plötzlich - bei Ciba-Geigy in Basel verbrannt. Eine endgültige Glaubhaftmachung der Identität der Faßinhalte steht freilich bis heute noch aus.

(1986)

Ökologie in Italien: Skandal im Skandal

Grüne klauen geheime Umweltsünderliste - Presse schweigt dazu

Wenn Italiener ihrem nach Fußball zweitwichtigsten Hobby nachgehen, dem Intrigenschmieden, dann hat auch der Umweltschutz zurückzustehen. Mittwoch vormittag übergaben die Grünen in der Lombardei der Presse eine sensationelle Enthüllung: ein Regionalabgeordneter hatte eine streng geheimgehaltene Liste der 181 gefährlichsten Umweltschädiger der Lombardei »vorübergehend entwendet, fotokopiert und wieder zurückgelegt« (Pressetext). An der Liste war nichts zu deuteln - sie war von der regionalen Umweltschutzbehörde in Zusammenarbeit mit Beauftragten der Europäischen Gemeinschaft erstellt worden und enthielt illustre Namen - von den Ölfirmen Shell und Total über den Reifenhersteller Pirelli bis zum Großdrucker Rizzoli, der die größte italienische Tageszeitung »Corriere della sera« herausgibt.

Dennoch: wer am Donnerstag die großen Tageszeitungen aufschlug, fand nichts von alledem gedruckt, weder »La Repubblica«, noch »Il Mattino«, »L'Unita«, »Paese sera«, noch, natürlich, der »Corriere« brachten auch nur eine Zeile über diese wohl brisanteste aller Aufdeckungen von Umweltgefahren in den letzten Jahren. Wären da nicht »Il manifesto« und die Redaktion von »Giornaleradio«, die eine Notiz absetzte - die nationale Presse (einschließlich TV) hätte ein weiteres Mal ihre Macht bewiesen und die Grüne Aktion wäre im Nirwana verschwunden.

Der Grund für das seltsame Verhalten: die Grünen hatten schon vor ihrer Konferenz zwei regionalen Blättern einen Blick in die Liste gestattet - und das ist für die »grossen« Kollegen natürlich ein ausreichender Grund, die Sache zu unterschlagen. Die Redaktionen, die ich um Begründung dieser lächerlichen Intrige angegangen habe, hüllen sich in ein »Vielleicht bringen wir morgen etwas« (»La Repubblica«) bis »Da müssen wir noch Gegenrecherchen machen« (»Corriere della sera«).

Da gäbe es dann allerhand zu tun, auch über die Frage hinaus, ob nicht noch andere Gründe den Presse-Blackout verursacht haben. Interessant wäre z. B., warum das römische Gesundheitsministerium in seinem Bericht im Dezember nur auf insgesamt 55 gefährliche Betriebe kam, während die Region nun 181 gefunden hat? Oder die Frage, wieso die Regionalverwaltung das Dossier gleich mit dem Stempel »streng geheim« versehen hat? Der erste Kommentar des zuständigen Referenten im Gesundheitsamt der Region, Vittorio Carreri, wirkt schon fast rührend: »Wir wollten die Bevölkerung nicht beunruhigen.«

Erstaunlich auch dies: noch ehe ihre Namen in der Pressekonferenz verlesen wurden, haben mehr als 30 der betroffenen Firmen (faktisch alle »Großen«) schon Erklärungen vorbereitet, wonach sie bereit seien, »die gefährlicheren Teile der Produktionsstätten in andere, weniger bevölkerte Gebiete zu verlegen« (so der fast gleichlautende Text bei Shell und Rizzoli); und »La Repubblica« hatte gar schon am Vortag eine fettgesetzte Meldung eingerückt, wonach der Chemieindustriellenverband »durchaus für eine Aufklärung über Umweltgefahren eintrete«. Das ergäbe dann die Frage, ob die löbliche Absicht erst aufgrund der drohenden Veröffentlichung gewachsen ist, und ob man, darüber hinaus, vielleicht auch weniger schädliche Anlagen bauen möchte.

Die Mailänder Behörden jedenfalls gehen ihren gewohnten Weg. Sie haben eine Untersuchung gegen den Grünen Regionalabgeordneten Sergio Andreis eingeleitet, der die Liste geklaut hat.

Ein Meer aus Schaum und Plastiktüten ...

Italiens tyrrhenische Küste wird ständig mehr gereinigt - und dabei immer schmutziger

Wenn der Professor Peter Schmid aus Tübingen bei sommerlicher Hitze am Porto Badino in Südlazium ins Meer springt, so ist das nicht nur für ihn ein erfreuliches Gefühl - mit unverhohlener Freude beobachtet ihn die Gesamtgemeinde der Urlaubsprofis, die schon seit Jahren hierher kommen. Denn sie wissen: gleich nach seiner Ankunft stapft der Chemie-Lehrer mit schweren Gummistiefeln ins Naß, bewaffnet mit einer Reihe von Pipetten und Phiolen, und entnimmt ganze Serien von Wasserproben. Traut er sich, zwei Tage danach, in die Wellen, so kann man sicher sein: da ist alles sauber.

In diesem Jahr läßt der Professor auf sich warten, und die Angstgefühle sind bereits am Kochen. Hat er seine Proben schon genommen und ist wieder abgereist? Oder hat er unlängst das Nachrichtenmagazin »L'Espresso« gelesen und die Freude ist ihm schon vor seiner Ankunft vergangen? Dort war nämlich Terracina, zu dem Porto Badino gehört, zu den besonders verseuchten Meeresbezirken gezählt worden.

Der Bürgermeister Dr. Fabrizio Abbate, Christdemokrat und seit einem halben Jahr im Amt, ist denn auch schon fast Tag und Nacht beschäftigt, den Schaden zu reparieren, den die Meldungen über sein schmutziges Badewasser angerichtet haben. Journalisten bekommen Interviews fast ohne Wartezeit, auch am frühen Morgen. Natürlich stimmt nichts an den Meldungen, »beziehungsweise fast nichts«, denn »die Analysen, die wir über die zuständigen Behörden bekommen haben, sind äußerst beruhigend, und denen kann man vertrauen«. Tatsächlich sind die Behörden-Gutachten nicht schlecht; nur an zwei Stellen des ca. 15 Kilometer langen Sandstrandes sind, nahe den Einmündungen von Flüssen, Colibakterien und Chemierückstände gefunden und daher Badeverbote verhängt worden. Doch der Architekt Carmine Di Capua - der seit Jahren die Stadtväter mit offenen Briefen und bohrenden Fragen nach dem Zustand der Umwelt nervt - hat herausgefunden, daß die »beruhigenden Analysen der Behörden vor allem dadurch zustandekommen, daß man einige neuralgische Untersuchungen durchzuführen ‚vergessen' hat«. Außerdem, so Di Capua, »was soll ein Badeverbot, auf das an keiner Stelle des Strandes hingewiesen wird?« Tatsächlich hat die Gemeinde auch die Aufstellung von Hinweisschildern »vergessen«. Auch das Verbot, Brauchwasser von Strandvillen in den städtischen Kläranlagen abzuladen, hat Mißtrauen geschaffen. »Entweder«, so Di Capua, »vermuten sie darin gefährliche Gifte, oder die gemeindliche Kläranlage ist schlicht unbrauchbar.«

Das läge freilich auf gesamtitalienischer Linie. Zwar verweisen die zuständigen Ministerien in Rom und in den Regionen stolz auf die steigende Zahl von Wasserreinigungsanlagen, auf merkwürdige Weise aber werden die Werte im Meer sowie in Flüssen und Seen immer schlechter. Die Grünen der Lombardei z. B. haben unlängst einen beunruhigenden Bericht über die »Badequalität« der dortigen Seen veröffentlicht; in der Toskana, in Lazium, und in der Campania sind die Konzentrationen von Schadstoffen so groß, daß »L'Espresso« nur noch insgesamt ein halbes Dutzend wirklich sauberer Strandbereiche (jeweils ein paar hundert Meter lang) gefunden hat. »Ein Meer aus Schaum und Plastiktüten«, faßt das Magazin seine Erkenntnisse zusammen.

Da ist es denn auch verständlich, daß Fremdenverkehrsdirektoren schon aus dem

Häuschen geraten, wenn wnigstens irgendwo in der Gegend »mare pulito« gemeldet wird. In Portoferraio auf Elba atmet, so der Tourismusdezernent Mario Palmieri, »das Gewerbe wieder auf«, weil zwar nicht am Ort, aber immerhin bei Punta Ala, auf dem Festland gegenüber, ein paar Quadratmeter sauberes Wasser gefunden wurden - »nach all den Polemiken wegen der Umstellung des Großkraftwerks Piombino von Öl auf Kohle«.
Zu alledem sollte dieses Jahr eigentlich noch die Nach-Tschernobyl-Besorgnis kommen. »Aber mehr, als daß die Leute sich ein Kissen unter den Hintern stecken, wenn sie sich in den Sand setzen«, bemerkt der Umwelthygiene-Professor Enrico Falqui, »sieht man kaum irgendwo.« Die Behörden, im Mai noch eifrig mit Geigerzählern am Strand unterwegs, weil sich im feinen Sand die strahlenden Substanzen besonders lange halten, haben die auffällige und knatternde Suche schnell eingestellt. Allenfalls dort, wo sich Reaktoren befinden - Italien hat freilich nur drei Kernkraftwerke am Netz - machen die Leute einen Bogen herum; die Strandzone von Latina, wo ein Tschernobyl-ähnlicher Apparat steht, ist viel weniger besucht als früher. Dennoch: »erstaunlich« findet man es im Fremdenverkehrsamt der Provinz Latina, »wie wenig Touristen derzeit nach möglicher radioaktiver Gefährdung nachfragen. Beschwerden kommen allenfalls, wenn die Kurtaxe zu hoch ist oder mal der Strom ausfällt«.
Daß die tyrrhenische Küste derzeit im Mittelpunkt der ökologischen Auseinandersetzung steht, hat mehrere Gründe. Nirgendwo sonst wurde in den letzten Jahren so wild drauflos industrialisiert wie hier; kilometerlang ziehen sich zwischen Civitavecchia und Piombino rauchschwadenverhangene Fabrikanlagen hin. Darüber hinaus hat sich auf der westlichen Mittelmeerseite, nachdem die Adriaküste faktisch zubetoniert ist, eine aufstrebende, aber zumeist wildwüchsige Ferienindustrie etabliert. Schon 1969, nach Schließung des römischen Nobelbades Ostia wegen Verseuchung wurde die Küste des südlichen Lazium zwischen der Düne von Sabaudia und dem Klippen-Ort Sperlonga innerhalb weniger Monate von römischen Ferienbauten besetzt. Inzwischen strömen auch die Wohlhabenden aus den Abruzzen an die westlichen Strände und bauen, durchweg schwarz, jeden freien Quadratmeter zu; meist ohne Kanäle, ohne Infrastruktur wie Müllabfuhr, Trinkwasserkontrollen etc. Die Behörden drücken meist beide Augen zu - die Versuchung für den schnellen Profit, eingefahren in nur drei Sommermonaten, ist übermächtig, das Verständnis dafür, daß angesichts von Genehmigungsverfahren für legale Bauten zwischen vier und acht Jahren keiner warten will, recht groß.
In Porto Badino jedenfalls beruhigen sich die Gemüter wieder: der Professor Schmid ist noch nicht angekommen, weil er eine schwere Magenverstimmung hat. Und die hatt er sich, Gottseidank, in der Bundesrepublik zugezogen.
(1986)

Verlogene Sterne?

In Florenz überfielen drei Astrologen eine Bank
und wurden erwischt

Irgendwas muß an der Glaskugel des Florentiner Wahrsagers »Mago Trithemius« defekt sein. Zusammen mit zwei Kollegen, dem »Mago Joseph« und dem»Mago Onofrio« überfiel er am Montag die Cassa di Risparmio in der Via del Pallaiolo, aber die Sterne waren den drei Astrologen nicht hold. Obwohl sie zwei Geldsäcke wegschleppten und, nach einer Schießerei mit der Polizei, entkamen, saßen Trithemius und Onofrio schon kurz danach hinter Gittern. Ihre Sterndeutung hatte elementare Vorkehrungen außer acht gelassen, und so fand die Polizei im Fluchtwagen den Personalausweis des Meisters Trithemius, bürgerlich Mario Bella, 31 Jahre. Lediglich Mago Joseph, der sich, dem Vernehmen nach, auch aufs Kartenlegen versteht, gelang die Flucht. Vielleicht hat er von der Kreuzdame einen Tip bekommen.

Die Verhaftung der Zukunftsseher ist nicht nur für sie selbst ein schwerer Schlag - ganz Florenz leidet mit. Denn die drei gehören zur Crême de la crême italienischer Propheten, hatten Studios in den vornehmsten Straßen und zählten zu ihren Klienten keineswegs nur verunsicherte Lottospieler und einsame Hausfrauen, sondern auch Bankpräsidenten, Politiker und Geschäftsleute. Daß die drei ihr eigenes Schicksal so wenig im Wahrsagegriff hatten, erschüttet das Vertrauen in eine Branche, die in Italien wie nirgendwo sonst floriert: umgerechnet fast eine Milliarde D-Mark lassen sich die Italiener alljährlich den Blick in die Zukunft kosten; seriöse Magazine wie »L'Espresso« veröffentlichen lange Artikel über die Prognosen der bekanntesten »Maghi«.

Der mißglückte Raub läßt nur eine Deutung zu: die befragten Sterne sind von der »sauberen« Sorte und wollen keine illegalen Geschäfte. Trifft das zu, bedeutet es das Ende des Wahrsagegewerbes. Denn wie ein Insider jüngst ausplauderte, beziehen sich achtzig Prozent der Anfragen auf den Ausgang dubioser Affären.

»Und so hatten sie uns denn ein treffliches Nudelgericht bereitet...«

Italiens »Maccheroni« - Spiegel der Geschichte und der Klassenverhältnisse

»Da es hier keine Gasthöfe gibt, so hatte uns eine freundliche Familie Platz gemacht und einen erhöhten Alkoven an einem großen Zimmer eingeräumt. Ein grüner Vorhang trennte uns und unser Gepäck von den Hausmitgliedern, welche in dem großen Zimmer Nudeln fabrizierten, und zwar von der feinsten, weißesten und kleinsten Sorte, davon diejenigen am teuersten bezahlt werden, die, nachdem sie erst in die Gestalt von gliedlangen Stiften gebracht sind, noch von spitzen Mädchenfingern einmal um sich selbst gedreht, eine schneckenhafte Gestalt annehmen. Wir setzten uns zu den hübschen Kindern, ließen uns die Behandlung erklären und vernahmen, daß sie aus dem besten und schwersten Weizen, Grano forte genannt, fabriziert würden. Dabei kommt viel mehr Handarbeit als Maschinen- und Formwesen vor. Und so hatten sie uns denn auch das trefflichste Nudelgericht bereitet, bedauerten jedoch, daß gerade von der allervollkommensten Sorte, die außer Girgent, ja außer ihrem Hause nicht gefertigt werden könnte, nicht einmal ein Gericht vorrätig sei. An Weiße und Zartheit schienen diese ihresgleichen nicht zu haben.«

Johann Wolfgang von Goethe am 24. April 1787 aus Agrigent: eine Familie stellt Spaghetti und die gedrehten »Serpentini« her; für den Dichter-Touristen ein großes Erlebnis hausfraulich-handwerklicher Kunst, das er darum in sein »Tagebuch der italienischen Reise« aufnimmt.

Heute ist der Teigwaren-Konsum zwar um ein Zigfaches höher, sind die Preise (auch für »Serpentini«) um ein Vielfaches niedriger, aber die Befriedigung, der Pastasciuta-Herstellung beiwohnen zu können, widerfährt nur noch wenigen: die Produktion ist längst industrialisiert.

Gleichwohl gibt es Familien, gibt es noch Gaststätten, wo nichts anders als Hausgemachtes auf den Tisch kommt. Ein Luxus in unseren Tagen freilich, denn selbstgemachte Nudeln kosten, neben drei- bis vierstündiger Arbeit, auch den zwei- bis dreifachen Preis der industriell gefertigten - vorausgesetzt, man nimmt einigermaßen gute Ingedrienzien: gutes Hartweizenmehl, sauberes Wasser (das man derzeit meist von weither holen muß, weil 80 Prozent der italienischen Leitungen nur mäßig trinkbare Qualität bieten), Eier von Freilandhühnern (und nicht aus Legebatterien).

»Maccheroni« ist die seit vielen Jahrhunderten eingeführte Sammelbezeichnung für italienische Teigwaren; unsere »Makkaroni« sind eine Einengung des Namens, denn darunter versteht man hierzulande nur die langen röhrenförmigen Nudeln. In Italien heißen sie »Bucatini«, was sich von »buco«, »Loch« ableitet.

Maccheroni und Italien, Maccheroni und Sizilien - selbst Italiener wissen kaum, wie intensiv sich in der Geschichte ihres Nationalgerichts auch die Geschicke ihres Landes spiegeln. Davon machen auch hervorragende, traditionsbewußte Köche keine Ausnahme; sie schütteln meist den Kopf, wenn man sie fragt, woher die Maccheroni kommen. Giovanni, »Padrone« des »'U Carrittinu« am Corso Vittorio Emanuele 383 in Palermo, der zu den besten Nudelköchen Siziliens gehört, vermutet - »purtroppo«, leider - den Ursprung der Teigwaren in Neapel. Der Neapolitaner Carlo von einer der zahlreichen »Campagnole« (typisch winzige Gaststätten im Stadtinnern mit Verkauf von Teigwaren »über die Straße«), der die Nudel-Spezialität »Gnocchi di farina« zu höchster Vollendung gebracht hat, ist ratlos: »Wahrscheinlich haben wieder einmal die Römer sie erfunden.« Nur der Koch der Osteria »Da Santa Maria«, nahe der »Spaccanapoli«, weiß mehr: »Sie nennen uns hier zwar immer ‚Makkaronifresser'. Aber das hat sich erst in den letzten hundert Jahren so ergeben, seit wir die italienische Küche führen. Vorher war unser Spottname ‚mangiafoglia', Blätterfresser, weil wir so viel Grünzeug konsumiert haben. Und die ‚Makkaronifresser', das waren früher die Palermitaner.«

Selbst Schimpfparolen drücken Geschichte aus: tatsächlich standen bis zum 19. Jahrhundert ausschließlich die Sizilianer im Ruch, unmäßig viel Teigwaren in sich hineinzuschlingen. Die Neapolitaner eigneten sich die Spaghetti-Konsumitis erst im 19. Jahrhundert an, als sich schlaue Unternehmer daranmachten, das Mehl-Wasser-Eier-Gericht in »Massenware« zu transformieren. Der Bevölkerungszuwachs, das Bedürfnis nach immer mehr und auch einigermaßen durchhaltekräftigen Arbeitern in den Fabriken, auch die Notwendigkeit, in den immer größeren Kriegen Kanonenfutter bereitzuhalten - all das ließ die Suche nach einem echten »Volksnahrungsmittel« zu einer Art nationalen Anliegens werden. Ein preiswertes Essen war gesucht, nicht verderblich, gut transportierbar und leicht zuzubereiten. Die Teigwaren erfüllen dies, und nicht nur: sie sind auch imstande, das Magenbedürfnis nach Vielfalt des Essens zu befriedigen, ohne daß man den Grundbestandteil der Speise ändern muß. Teigwaren kann man ohne viel Mühe in jeder beliebigen Form herstellen, als lange Fäden, als Röhrchen, als Plättchen, in sich gedreht oder zu einem Ring gebogen; man kann zwei Teigblättchen zu einem Täschchen zusammendrücken und Füllung hineingeben - vor allem aber sind sie imstande, nahezu jede Soße aufzunehmen, süße, saure, pikante, solche mit Gemüse oder mit Muscheln, mit Fleisch oder mit Eiern. Reiche können sie anders essen als Arme, offiziell kann man Klassenspaltungen damit überwinden und, mittels Zubereitungsart und Soße, doch wieder und noch stärker als vorher aufleben lassen.

Vielleicht ist diese Mehrdeutigkeit, diese allseitige Verwendbarkeit auch der Grund, daß sich seit jeher allerlei mehr oder weniger wunderliche Sagen und Legenden um die italienische Pasta ranken - mehr als um jede andere Speise auf der Welt. So ist der potenzsteigernde Effekt kräftigen Maccheroni-Genusses im Volk bis heute unbestritten - nicht nur in Italien. Ein gewisser Gleen Cole, der 1976 in New York wegen Bigamie angeklagt war und dessen beide Frauen aussagten, daß er bei jeder Mahlzeit drei Teller Pastasciutta gegessen habe, erklärte auf die Frage des Richters, wieso er dann noch immer so mager sei: »Wissen Sie, Herr Richter, die Spaghetti habe ich nur gebraucht, damit ich auch im Bett was bringen kann ...«

Da dachten auch die Alten nichts anders: auf einem phrygischen Relief aus dem 6. Jahrhundert v. u. Z. füttert die Göttin Kybele ihren Liebhaber Attis auch schon mit einer Schüssel Mehlspeise, um ihn in Lust zu versetzen. Terenz aus dem 2. Jahrhundert rühmte die segensreiche Wirkung der Weizenspeise so ausdrücklich, daß sich zweitausend Jahre später Lord Byron auf ihn bezog und in seinem »Don Juan«, neben Eiern, Austern, Marmelade und Wein, auch »Vermicelli«, Fadennudeln, als »Liebesbringer« nennt. Heute klingt das Lob der Pasta so wie in dem Lied des sizilianischen Dichters Rosario Cunsolo Freni:

»Die Pasta hat gar großen Wert
Weil Bauch sie und auch Nieren nährt.
Wer früh und abends sie verzehrt
Kriegt Blut und Kraft, die er begehrt.
Sie gibt Gesundheit, frische Farbe,

Denn Vitamin entspringt der Garbe
Des Weizens, und ist Medizin
Zum Freien und ins Bette ziehn...«

Die meisten Legenden spielen freilich um die Frage, wer die begehrte Speise denn »erfunden« hat. Sagen, die überwiegend in den letzten zwei Jahrhunderten entstanden sind, nicht zuletzt deshalb, weil sich zu dieser Zeit die Hauptproduktionsstätten von Sizilien in die Campania verlagert haben und die »Neuen« unbedingt Legitimationen oder zumindest Gründe dafür brauchten, daß ihre Spaghetti und Tortellini, ihre Rigatoni und Penne besser - und daher kaufwürdiger - sind als die aus der »alten« Maccheroni-Heimat.

Zu den berühmtesten Fabeln über die Entstehung der Pasta gehört eine Geschichte, die wohl nicht älter ist als hundertfünfzig Jahre, und die Neapel als »Erfindungsort« ausweisen soll; und wenn die Neapolitaner eine »Gründungsfigur« hervorzaubern, ist Kaiser Friedrich II., der Hohenstaufer, nicht weit. Er gehört zu den ganz wenigen Herrschergestalten Süditaliens, die heute noch allgemeine Wertschätzung erfahren, mit deren Regierung und Politik man sich identifiziert. Geschätzt sind sein antirömisches und antipäpstliches Denken ebenso wie seine bis heute bewunderte Bautätigkeit, seine Verwaltungsreform, die - einmalig - so etwas wie eine Ordnung in die südliche Bürokratie brachte. Kein Wunder also, wenn dieser charismatischsten aller Leitfiguren auch irgendwie die Spaghetti-Erfindung angeklebt werden sollte. Matilde Serao, Journalistin und Schriftstellerin am Anfang unseres Jahrhunderts, hat die Legende aufgezeichnet. Danach soll im 13. Jahrhundert ein ehemals reicher Mann sich nach seiner Verarmung der Zauberei verschrieben haben und unentwegt an einer Erfindung gearbeitet haben, die allen Menschen Freude und Gewinn bringe. Dabei habe er, in vielen Experimenten, die Pasta erfunden. Da er die neue Speise immer noch weiter verbessern wollte, sagte er zu niemandem etwas. Aber eine neugierige Nachbarin guckte über die Veranda herein und schrieb sich alles auf, hatte schließlich das Rezept und verkaufte es dem Koch des Königs, der es unverzüglich ausprobierte. Er gab etwas Wasser, Salz und Eier zu Mehl, fertigte eine Paste daraus, nudelte sie in langezogene Form und ließ sie an der Sonne trocknen. Am Tage des Gastmahls kochte er eine Suppe aus Schweinefleisch, Zwiebeln und Salz, gab die Nudeln hinein und bereitete gleichzeitig in einem anderen Topf eine Soße aus gehäuteten und zerdrückten Tomaten. Der Kaiser war überaus angetan von dem Gericht, die diebische Nachbarin wurde reich belohnt, alle Adligen Italiens schickten ihre Köche zu ihr, und so verbreitete sich die Teigspeise über das ganze Land. (Die unausbleibliche Pointe: der Zauberer bekam ein halbes Jahr später in einer Hostaria überraschend seine eigene Erfindung serviert und verschwand daraufhin spurlos; die Nachbarin gestand ihren Betrug auf dem Totenbett, so daß der Zauberer letztendlich doch noch zum verdienten Ruhm kam.)

Natürlich stimmt die Geschichte nicht. Die Nudeln gab es schon in der Antike, das Rezept war längst bekannt, und auf Tomaten mußte Italien noch vierhundert Jahre warten, denn die kamen erst im 17. Jahrhundert aus dem Peru der Azteken nach Europa und brauchten auch dann noch fast ein halbes Jahrhundert, ehe sie nicht nur zur Gartenzierde, sondern zur Soßenbereitung verwendet wurden. Bis dahin hatte man die Maccheroni, wie seit altersher, entweder süß - mit einer Honigsoße - oder mit Käse, mit Grünzeug oder auch zusammen mit etwas Fleisch serviert.

Die Tatsache, daß heute Spaghetti und Tomatensoße wie Zwillinge verhaftet sind

und die Verlagerung der Hauptproduktionsstätten von Pasta nach Neapel etwa gleichzeitig mit der Einführung der Tomatensoße erfolgte, macht verständlich, warum viele Köche den Ursprung der Nudelgerichte als solche in die Campania verlegen.
Dennoch gibt es auch in der Geschichte mit Friedrich II. das berühmte Körnchen Wahrheit. Denn tatsächlich begannen die Paste genau in der Zeit der normannisch-staufischen Herrschaft über den Süden ihren Siegeszug außerhalb Siziliens. Das berühmte »Buch Rogers« (dessen eigentlicher Titel lautet: »Der Genuß dessen, der eine Leidenschaft für die Reisen durch die Welt hat«) aus dem 12. Jahrhundert weist erstmals eine respektable Massenproduktion von Pasta auf der Insel nach - so stark, daß ein Export aufs Festland erfolgt:
»Westlich von Termini (Termini Imesere, bei Palermo, W. R.) *liegt Trabia, bezaubernd, reich an gutem Wasser und an Mühlen, mit einer schönen Ebene und großen Höfen, in denen Spaghetti in derartiger Menge hergestellt werden, daß davon außer den calabresischen Gebieten* (worunter man damals ganz Unteritalien verstand, W. R.) *auch Teile anderer christlicher und muselmanischer Länder versorgt werden ...«*
Das »Buch Rogers« wurde 1154 beendet; knapp hundert Jahre danach, beim Tod Friedrichs II., 1250, waren die Paste in Unteritalien zu einer Art Stammessen geworden - zumindest für die, die es sich leisten konnten. Mitgebracht hatten die Teigspeise die unzähligen »Umsiedler«, die Friedrich aus Sizilien nach Apulien und in andere Gebiete des Stiefels gebracht hatte, um Aufstandsbewegungen auf der Insel zu ersticken. Die Nudeln, die auch für die vielen Muselmanen in Friedrichs Umgebung jederzeit zu essen erlaubt waren, die man praktisch überall herstellen und überall zubereiten konnte, eigneten sich als Proviant für Friedrichs friedlichen Kreuzzug nach Jerusalem ebenso wie für die sarazenische Leibwache zuhause, mit der sich der Kaiser umgab. Sie waren auf den vielen Jagdschlössern bei Bari und Brindisi, in Castel del Monte und Melfi mit derselben Güte zuzubereiten wie in der palermitanischen »Heimat« der Maccheroni.
Dies war auch die Epoche der beginnenden großen Seefahrt, und so kamen die Spaghetti denn auch in andere Regionen, außerhalb des südlichen Herrschaftsbereiches. Widerstehen konnte offenbar niemand. Bald schon rühmten sich Genueser und Pisaner, Venezianer und Mailänder ebenso hoher Nudel-Gastronomie wie Sizilien. Die regionalen Nahrungsmittelquellen boten reichlich Möglichkeiten für neue Rezepte. So stellten »ausländische« Köche denn neben die »Aggrassatu« Palermos (Maccheroni mit Lammfleisch) oder die »Maccheroni con le seppie« Catanias (Nudeln mit Tintenfisch) zahlreiche andere Spezialitäten: »Bucatini all'amatriciana« - Makkaroni mit Speck (Romagna), »Bigoli in salsa« - Spaghetti mit Hackfleischsoße (Veneto), »Frittata di maccheroni« - mit Tomaten-Fleischragout (Campania), »Lasagne di San Giuseppe« - mit Mandeln (Apulien), »La genovese« - Nudeln mit Schinken-Kalbfleisch-Zwiebelsoße (Genua) usw. Mitunter entstanden auch Mixturen aus allen regionalen Spezialitäten, die dann meist zu bestimmten Festtagen, einmal im Jahr, auf den Tisch kommen. Etwa die »Cappelletti all'eugubina«, nur zu Weihnachten zubereitet, aber in solcher Menge, daß sie bis zum Dreikönigstag ausreichen. Dazu wird den Spaghetti eine Soße beigegeben, in die eineinhalb Hühner, zwei Tauben, Schweinefleisch, Würste, Kalbshirn, Schinkenspeck, Zwiebel, Karotten, Sellerie und Butter hineingekocht sind.
Nicht schwer zu erraten, daß solche Schlemmereien nicht nur damals, sondern bis jetzt Klassenprivileg geblieben sind. Oft werden daher besonders paradiesische Re-

zepte auf eine direkte Eingebung der Götter zurückgeführt; delikat gefüllte Tortellini sollen z. B. durch einen vorwitzigen Koch erfunden worden sein, der einen Blick auf den Nabel der Venus hatte werfen können.

Die Realität des Nudelverzehrs seit seiner großen Ausbreitung im 17. bis 19. Jahrhundert ist stattdessen an eine ganz andere Figur gebunden als an Venus oder Bacchus: an den Pulcinella, eine der ältesten und schönsten Gestalten der Volksphantasie. Pulcinella hebt in fast allen Darstellungen die eine Hand über den Kopf - die Geste des Nudelessens, denn früher gab es weder Gabel noch Löffel, man nahm eine Handvoll Pasta und ließ sie in den Mund gleiten. »*Das wichtigste Attribut Pulcinellas sind die Maccheroni*«, schreibt der Theaterhistoriker und Regisseur Antonio Giulio Bragáglia, »*die Maccheroni, die er auch in der Tasche nitnehmen kann, schon angemacht und dampfend.*« Pulcinella, so hat der Historiker Alberto Consiglio in seiner »Storia dei Maccheroni« darüber hinaus analysiert, »*ist nicht nur Possenreißer, und in Wirklichkeit wird er weniger durch die stets mitgeführten Maccheroni gekennzeichnet; sein wahres Charakteristikum ist der Hunger. Pulcinella ist die Maske der Armut, die Maske des Proletariats, die groteske Versinnbildlichung des Volkes, feige, ängstlich und ausgemergelt. Er verteidigt sich gegen die Großen, die Mächtigen, die Machthungrigen und die Diebe, mit den einzigen Waffen, die er zur Verfügung hat: die Hinterhältigkeit, die Lüge, die Verschlagenheit, das Possenreißen, die Komik. Sein Seelenzustand, sein ständiger Zustand ist der Hunger; sein ständiger Traum, der aber nie richtig erfüllt wird, sind die Maccheroni, die Maccheroni, die schon im 17., 18., 19. Jahrhundert das neapolitanische Nationalgericht waren*«.

Daß Pulcinella - »*boshaft und bucklig, mit Vogelnase, kegelförmigem hohen Hut und weißer Kleidung*« (so »Meyers Lexikon« von 1982) - am Ende doch nie maccheroni-satt wurde, hatte den einfachen Grund, daß ihm das Geld fehlte. Denn selbst wenn sie zum »Volksnahrungsmittel« wurden - für die ganz Armen waren Nudeln noch immer zu teuer. So griffen viele Familien - einige Autoren des 18. und 19. Jahrhunderts schätzen auf 70 - 80 000 Menschen, ein Viertel der damaligen neapolitanischen Bevölkerung - zu Notmaßnahmen, um einerseits doch am Volksessen teilzuhaben, aber weniger dafür ausgeben zu müssen. Statt die Pasta ganz und gar mit dem teuren - meist eingeführten - Mehl zu fabrizieren, mischten sie etwa ein Drittel geriebenes altes Brot darunter; so entstanden die Teignocken, später als »Gnocchi« eingeführt und heute auch als Kartoffel-Mehl-Gericht angeboten: kleine Bällchen, zwischen den Fingern geformt oder mit dem Messer ausgestochen. Sie lassen sich nicht in Spaghetti- oder Makkaroni-Form bringen, weil das Brot dann herauskrümelt, aber sie geben doch die Illusion der Pastasciuta. Also nochmal eine »Klassenteilung« auch innerhalb der Nudeln.

Auch die industriellen Veränderungen hatten ihre Rückwirkungen. Schon im 15. Jahrhundert - einer der berühmtesten Humanisten, Bartolomeo Sacchi, genannt Platina, berichtet davon - wurden auch Maschinen verwendet, um neue, teilweise »profitablere« Pasta-Formen zu kreieren. So konnten die langen, fadendünnen »Vermicelli« mithilfe einer Art Weinpresse produziert werden, die den mehrere Stunden lang zubereiteten und gleichmäßig gewalkten Teig durch enge Sieblöcher drückte. Die Dünne dieser Nudeln hatte einen entscheidenden Vorteil: der für die Haltbarkeit wichtige Trockenvorgang konnte so auf wenige Stunden (sonst dauert es Tage, oft Wochen) verkürzt werden, die Produktionsstätten waren besser ausgelastet. Die Maschinisierung des 19. Jahrhunderts, die Nutzbarmachung des elektri-

schen Stromes und auch der Aufbau immer größerer Betriebe und Verteilernetze ließ die Pasta-Produktion geradezu sprunghaft ansteigen. Insbesondere drei Erfindungen - in ihrer Einfachheit genial - trugen dazu bei: eine simple Misch- und Rührmaschine, die die Wasser- und Mehlzufuhr automatisch regelte und so die kostenraubende Klumpenbildung verhinderte, eine hydraulische Presse zum Erzielen gleichmäßig dicker Nudeln - wichtig für den Trockenvorgang und schließlich die Verwendung künstlicher »Brutöfen«, um statt an der wetterabhängigen Sonne auch im Fabrikgebäude trocknen zu können. Es war der Durchbruch zur weltweiten Massenproduktion. Bis heute hat sich allenfalls die Gesamtsteuerung durch elektronische Anlagen dazugesellt, sonst gibt es nichts Neues mehr.
Geändert hat sich freilich die »Präsentation« von Nudeln - auch dies ein Zeichen veränderter Geschichte. Hatte man die Ware bis in die Nachkriegszeit hinein meist unverpackt, sozusagen »aus der Schublade«, verkauft, hatten die »Alimentari«-Läden in Italien und die Lebensmittelverkäufer in anderen Ländern meist nur zwei oder drei, allenfalls ein halbes Dutzend Nudelsorten auf Lager, war die Hersteller-Marke den Kunden überwiegend unbekannt, so gab es Anfang der fünfziger Jahre plötzlich eine Wende. Konkurrenz kam auf, die bisher eher regional beschränkten Hersteller drängten zuerst auf den gesamtnationalen, dann auf den internationalen Markt. Das »Volksgericht« wurde plötzlich aufgeteilt in viele einzelne Marken, die einander heftig befehdeten, einander gar den Ruf »echter« Pasta streitig machten, zumindest den der »genuin« neapolitanischen oder palermitanischen Art. Wie die Public-Relation-Expertin Emma Iannace in einer Arbeit zur »Ikonographie der Pasta« festgestellt hat, »war nun plötzlich Nudel nicht mehr gleich Nudel, wurde Differenzierung an Stelle von Identität gestellt. Spaghetti und Spaghetti - das konnte nun ein himmelweiter Unterschied sein, wenn sie mit verschiedenen Typenschildern versehen waren, so behauptete jedenfalls die Werbung.« Eine der ersten Firmen, die sich einen umfangreichen Werbefeldzug »leisteten«, war, 1952, Barilla aus Parma. Sie trägt heute mit 17 Prozent den mit Abstand größten Anteil an der nationalen Nudel-Produktion und ist wohl auch weltweit der größte Hersteller der Teigwaren. Die Zahlen nehmen sich beachtlich aus: 1.600 000 Tonnen Nudeln fabriziert Italien (in 320 Betrieben mit 15 000 Arbeitern) jährlich - einsamer Spitzenreiter, denn danach kommt lange nichts. Die USA folgen dann mit 700 000, Spanien mit 360 000, Frankreich mit 300 000, Argentinien mit 250 000 und die Bundesrepublik mit 200 000 Tonnen. Doch Italien, der Großproduzent, ist gleichzeitig auch sein bester Abnehmer. Jährlich werden hier pro Kopf 25 Kilo Nudeln verzehrt (von den 1,6 Millionen Tonnen werden nur 200 000 Tonnen ausgeführt); Argentinien, Tunesien, Libyen, Venezuela und Spanien, die anderen spaghettifreudigen Länder, kommen auf nicht einmal die Hälfte. Zum Vergleich: die Schweiz 9 Kilo pro Kopf, die Bundesrepublik 6 Kilo, die Vereinigten Staaten 5,5 Kilo. Schier unerschöpflich das »Programm« von Nudelsorten: mehr als sechshundert lassen sich auf dem italienischen Markt derzeit ausmachen. Entsprechend raffinierter wird von Mal zu Mal die dazugehörige Reklame. Marktführer Barilla läßt seinen Fernseh-Werbespot, unterlegt mit gemütvoller Musik, in dem Satz gipfeln: »Wo Barilla ist, ist man zuhause, man hört die Stimmen seiner Lieben, sieht die Wälder und Fluren, die einem Heimat geben ...« Neapels traditionsreiche Firma Voiella (Marktanteil 2,5 Prozent) kontert in Zeitungsanzeigen mit aus den verschiedenen Nudelformen gelegten Fächern oder Friedenstauben oder auch einer einzigen Tomate, von der strahlenförmig Spaghetti auseinanderlaufen.

Auch dies ist eine Widerspiegelung sozialer Realität: Spaghetti und Tortellini, Ravioli und Rigatoni, Vermicelli und Bucatini - sie alle sind nicht mehr schlechthin »Maccheroni«. Der Verbraucher ist, in den Augen der Pasta-Hersteller, auch längst nicht mehr der hungrige Pulcinella, der die warmen Nudeln mit den Händen greift und in sich hineinschlingt. Er ist zum »Kunden« geworden, dem man suggeriert, daß er wählen soll zwischen vielen Sorten - für jeden Geschmack die richtige. Er soll sich auch nicht als Fresser fühlen, sondern als Gourmet. Daher soll er auch vergessen, daß all diese Verschiedenheit vorwiegend in der Form besteht, daß die Ingredienzien allemal Mehl, Wasser und Eier sind, und zwar - aus Gründen der Haltbarkeit und Verpackungsfähigkeit - bei nahezu allen Herstellern in derselben Mixtur, und daß der Geschmack vorwiegend durch die Soße zustandekommt.